Pilgerwege

Fátima

Irmgard Jehle
Wolfgang Bouché

HEINRICHS-VERLAG GMBH
Bayerische Verlagsanstalt Bamberg

Titelbild: Blick auf die Basilika. **Umschlagrückseite:** Der große Platz vor der Basilika ist gefüllt von Gläubigen aus aller Welt.

Mit kirchlicher Druckerlaubnis
Bamberg, 5. April 2011, Nr. 140/2011
Georg Kestel, Generalvikar

Der Umwelt zuliebe Gedruckt auf 100 % chlorfrei gebleichten Papier

1. Auflage 2011

Text: Irmgard Jehle, Wolfgang Bouché, Engelbert Siebler und Bayerisches Pilgerbüro
Fotos: Bayerisches Pilgerbüro München, Irmgard Jehle, Peter Santor und Heinrichs-Verlag
Karte: cartomedia, Angelika Solibieda, Karlsruhe
Satz und Gestaltung: Bayerische Verlagsanstalt Bamberg
Druck und Bindung: Haßfurter Medienpartner GmbH & Co. KG, Haßfurt am Main
Printed in Germany
ISBN 978-3-89889-164-6

Papst Benedikt XVI. vor der Statue der Madonna im Mai 2010.

„Es gibt in der ganzen katholischen Welt nichts Vergleichbares zu Fátima."
So sagte Papst Benedikt XVI. am 13. Mai 2010 zu Bischof António Marto von Leiria-Fátima.

Das Jahr 1917 lenkte die Scheinwerfer der Welt auf das damals abgelegene portugiesische Dorf. Endlich ging

der 1. Weltkrieg zu Ende. Die Botschaft der Hirtenkinder kam aus der Katholischen Kirche, zog aber seine Linien in die Weltgeschichte. Die Portugiesen schreiben der Botschaft von Fátima das Glück zu, dass die Söhne Portugals nicht in den 2. Weltkrieg ziehen mussten.

Seinen Niederschlag in Fátima hat auch der Ungarische Aufstand von 1956 gefunden. Am 13. Mai 1981 wurde der Selige Papst Johannes Paul II. Opfer eines Attentäters und schrieb seine Rettung der Gottesmutter am Erscheinungstag in Fátima zu.

Unser Dank gilt dem Bischof von Leiria-Fátima Don António Augusto dos Santos Marto mit seinem Sekretär Dr. Vítor Manuel Leitão Coutinho und den Mitarbeitern der Casa São Nuno (v. a. Agostinho Marques de Castro und Manuel R. Freitas) für die gute Zusammenarbeit und ihre Unterstützung bei der Entstehung dieses Buches.

Das Fátimabuch möge den vielen Wallfahrern helfen, die Botschaft dieses Ortes zu verstehen und so ihr Leben zu bereichern. Es möge helfen zu beten und zu glauben.

Wir können uns dem Wort des Seligen Papstes Johannes Paul II. am 13. Mai 2000 anschließen: *„Hier in Fátima, wo diese Zeiten der Drangsal angekündigt worden sind und die Mutter Gottes zu Gebet und Buße aufforderte, will ich heute dem Himmel Dank sagen für die Kraft des Zeugnisses, die sich in all diesen Lebensgeschichten* (der Hirtenkinder) *erwiesen hat.“*

München, am 13. Mai 2011
Engelbert Siebler
Weihbischof
Präsident des Bayerischen Pilgerbüros

Weihbischof Engelbert Siebler (München) und Bischof António Marto (Leiria-Fátima).

Portugal, ein kleines Land mit grosser Geschichte

Portugal ist ein kleines Land im äußersten Westen Europas, das *„Land des Sonnenuntergangs"* – doch mit einer großen Vergangenheit. Phönizier, Griechen, Kelten, Römer, Westgoten und Mauren wechselten sich in der Herrschaft des Landes ab und hinterließen ihre Spuren. Mit seinem Sieg über die Mauren im Jahr 1139 erwarb sich Afonso Henriques das Anrecht auf den Königstitel und führte sein Land in die Unabhängigkeit; 1279 wurden die noch heute gültigen Grenzen festgelegt. Drei Königshäuser (die Burgunder seit 1143, die Avis ab 1385 und die Bragança von 1640–1919) regierten das Land bis zur Ausrufung der Republik im Jahr 1910.

Nach der Vertreibung der Mauren (Reconquista) wurden die Portugiesen zu einem Volk der Seefahrer und Entdecker. Heinrich der Seefahrer (1394–1460) unternahm selbst keine Entdeckungsreisen, doch als Mitglied der königlichen Familie und Großmeister der Christusritter wurde er zum bedeutendsten Förderer und Auftraggeber. Er veranlasste Expeditionen an die Westküste Afrikas um neue Märkte für Gewürz-, Gold- und Sklavenhandel zu erschließen. Die portugiesische Sprache und Kultur wurde in die neuentdeckten Gebiete gebracht. Missionare begleiteten die Expeditionen und verbreiteten den christlichen Glauben in der *„Neuen Welt"*. Vasco da Gama entdeckte 1497 den Seeweg nach Indien, Ferdinand Magellan brach von Portugal aus 1519 zu seiner ersten Weltumsegelung auf; Portugiesen gründeten Kolonien in Südamerika, Afrika und dem Fernen Osten, Handelsniederlassungen entstanden. Unter König Manuel I. (1495–1521) hatte Portugal seinen Höhepunkt erreicht, es war die führende See- und Kolonialmacht.

Inhaltsverzeichnis

Ein riesiges Kolonialreich war entstanden, das erst 1974 die letzten Gebiete in die Unabhängigkeit entließ. Der nach dem König benannte manuelinische Stil spiegelt den Reichtum, die Vielfalt und das Selbstbewusstsein dieser Epoche.

Schon 1588 begann der langsame Niedergang mit dem Sieg der Engländer über die spanisch-portugiesische Armada. Portugal versank mehr und mehr in die Bedeutungslosigkeit. Als napoleonische Truppen 1810 das Land überfielen, plünderten und zerstörten sie zahlreiche Kulturgüter. In der Folge kam das Land nicht mehr zur Ruhe, die wirtschaftliche Lage war katastrophal, mehrmals stand Portugal vor dem Staatsbankrott. 1910, nur zwei Jahre nach der Ermordung König Karl I. und des Thronfolgers Ludwig Philipp auf offener Straße, wurde die Monarchie gestürzt, der Thronfolger Emmanuel I. des Landes verwiesen. Eine Revolution folgte der nächsten, eine Regierung löste

Wild rauscht das Meer an Portugals Küsten.

die andere ab. Durch die politische Instabilität war Portugal erneut am Rande des Ruins und wirtschaftlich hoch verschuldet. Die Situation verschärfte sich, als es 1916 in den Ersten Weltkrieg hineingezogen wurde. Die Trennung von Kirche und Staat wurde systematisch betrieben und sollte das Christentum ganz aus Portugal verbannen. Doch die religionsfeindliche Politik brachte nicht den erwünschten Erfolg: Tausende hatten im Oktober 1917 das Sonnenwunder gesehen und Fátima hatte sich tief im Bewusstsein des Volkes verankert.

Eine gewisse Stabilität erreichte Portugal erst wieder durch die Machtübernahme von Antonio de Oliveira Salazar, der ab 1928 eine antikommunistische, konservativ-katholische Militärdiktatur aufbaute mit einer faktischen Entmachtung des Parlaments. Als Ministerpräsident (seit 1932) blieb Salazar über Jahrzehnte die politische Führungspersönlichkeit. Unter seiner Regierung wurden moderne Entwicklungen blockiert, auf eine solide Bildung des Volkes kein Wert gelegt. Dagegen wurden Kirche und Religion bewusst gefördert und für die Zwecke der Militärjunta ausgenutzt, 1940 wurde das Konkordat mit dem Vatikan erneuert. Bereits im Mai 1931 hatte der portugiesische Episkopat unter Leitung des Kardinals von Lissabon die Weihe Portugals an Maria vollzogen. Als die Bischöfe 1936 zur Nationalwallfahrt nach Fátima aufriefen, pilgerte ein Jahr später eine halbe Million Portugiesen aus allen Landesteilen samt der Regierung zur *„Beschützerin Portugals“*. Ihr drängendstes Anliegen war die Bitte um die Bewahrung vor Krieg und Kommunismus. Vom Zweiten Weltkrieg blieb Portugal verschont, es wurde zur Drehscheibe für Verfolgte vieler Nationen, die von dort aus in sichere Drittländer gelangen konnten.

Korkeichen im Nebel.

Papst Pius XII. charakterisierte in einer Radioansprache *„Regina del santissimo rosario"* vom Oktober 1942 die Situation der großen Seefahrernation Portugal: *„In einer tragischen Stunde der Finsternis und Verwirrung, da das portugiesische Staatsschiff abgeirrt war vom Kurs seiner Traditionen und wie verloren im antichristlichen und antinationalen Wettersturm dem Schiffbruch entgegenzutreiben schien, da griff der Himmel helfend ein. Und aus der Finsternis strahlte das Licht auf, aus dem Chaos wuchs die Ordnung empor, aus dem Sturm war Meeresstille, und Portugal konnte an die zerrissenen Fäden seiner verlorenen Überlieferungen wieder anknüpfen ... Die erste Ehrerweisung und Danksagung gebührt der seligsten Jungfrau, der Königin und Mutter des Marienlandes. Mit Recht müssen wir bekennen, dass die Gottesmutter euch mit wahrhaft außerordentlichen Gunsterweisen überhäuft hat."*

Portugal war zu dieser Zeit das Armenhaus Europas. Die Bevölkerung blieb in Unwissenheit und Analphabetentum. Daran änderte auch Salazars Nachfolger Marcello Caetano nichts, der 1968 die Macht übernahm. Durch die teuren Kolonialkriege stand Portugal erneut vor dem Staatsbankrott. Der Umbruch kam mit der sog. Nelkenrevolution: Am 25. April 1974 gelang unter General Spínola der Putsch. In Freude über den unblutigen Sturz der Diktatur steckten tausende jubelnder Portugiesen den Soldaten Nelken in die Gewehrläufe und an die Uniformen. Der Weg zur Demokratie und zu längst überfälligen Reformen war frei, die Nelke wurde zum Symbol der Freiheit. Bei seinem Portugalbesuch im Mai 2010 fasste Papst Benedikt XVI. die Ereignisse des 20. Jahrhunderts zusammen und lud ein, sich den neuen Herausforderungen zu stellen: *„Aus einer weisen Sicht des Lebens und der Welt leitet sich die rechte Ordnung der Gesellschaft her. Die Kirche hat ihren Platz in der Geschichte, sie ist bereit, mit denen zusammenzuarbeiten, welche die menschliche Auffassung vom Leben grundsätzlich achten und nicht an den Rand drängen oder auf den Privatbereich reduzieren ... Die republikanische Wende, die vor hundert Jahren in Portugal stattgefunden hat, hat – in der Trennung von Kirche und Staat – einen neuen Raum der Freiheit für die Kirche eröffnet, dem die beiden Konkordate von 1940 und 2004 in kulturellen Bereichen und kirchlichen Vorhaben, die stark von raschen Änderungen geprägt sind, Gestalt gegeben haben. Die durch die Veränderungen hervorgerufenen Schwierigkeiten sind im Allgemeinen mutig angegangen worden. Das Leben in einer Pluralität von Wertesystemen und ethischen Vorgaben macht es erforderlich, sich zur Mitte des eigenen Ichs und zum Kern des christlichen Glaubens aufzumachen, um die Qualität des Zeugnisses auf die Heiligkeit hin zu stärken und Wege* *der Sendung zu finden, die bis zur Radikalität des Martyriums gehen."* (Papst Benedikt XVI. bei seiner Ankunft in Lissabon am 11. Mai 2010)

Europa um 1917

Die Erscheinungen von 1916/17 fanden weit weg von den politischen Krisenherden im portugiesischen Fátima statt, aber in der Tragweite ihrer Botschaft betrafen sie ganz Europa, das in Auflösung begriffen war. Die Jahre waren gekennzeichnet von politischem Chaos, von Krisen und Zerstörungen: Seit mehr als zwei Jahren tobte nach einem voraus gegangenen Wettrüsten und neuen Waffentechniken ein Krieg, der großes Leid über die Menschen brachte. Auch die Zivilbevölkerung bekam die Folgen zu spüren; Nahrungsmittel und Rohstoffe waren knapp; durch die Unsummen, die der Krieg verschlang, lag die Wirtschaft im Argen und die Arbeit blieb liegen, weil die jungen Männer in den Krieg ziehen mussten; viele kamen als Krüppel zurück oder waren an der Front gestorben. Als 1917 Amerika in den Krieg eintrat, hatte er sich zum Weltkrieg ausgeweitet.

Viele Länder standen vor politischen Umbrüchen, vor Revolution und Bürgerkrieg – wie das russische Reich. Im April 1917 war Lenin mit 32 Anhängern nach dem Sturz von Zar Nikolaus aus seinem Schweizer Exil nach Russland zurückgekehrt. Im Gepäck hatte er die marxistische Ideologie, die in der Oktoberrevolution desselben Jahres den Kommunismus an die Macht führte, der mehr als 70 Jahre die Menschen unterjochte. Alle Macht lag in den Händen der Sowjets, die über das Schicksal von Millionen entschieden. Wesentlicher Bestandteil ihrer Ideologie war die Zerstörung der Religion. Kirchen und Klöster wurden geplündert und zerstört, Priester und Gläubige ermordet oder in Arbeitslager und Gefängnisse verschleppt. Zwei Jahrzehnte später bezeichnete Papst Pius XI. den Kommunismus als satanische Geißel, die die Menschen ihrer Würde und Freiheit beraubt und die Religion mit brutalsten Mitteln verfolgt (vgl. Enzyklika „Divini Redemptoris".

In diesem Kontext steht die Mahnung der Gottesmutter, wenn Russland sich nicht von dieser gottesfeindlichen und atheistischen Haltung abwendet, *„wird es seine Irrlehren über die Welt verbreiten, wird es Kriege und Kirchenverfolgungen heraufbeschwören. Die Guten werden gemartert werden, der Heilige Vater wird viel zu leiden haben, verschiedene Nationen werden vernichtet werden."* Die Prophezeiung traf ein: Von Russland aus hat sich der staatlich verordnete Atheismus über die frühere Sowjetunion auf die ehemaligen Ostblockstaaten und weite Teile der Welt ausgebreitet, die Menschen hinter dem Eisernen Vorhang eingesperrt und Verfolgung und Krieg ausgelöst.

Am Rande Europas: Portugal

Trotz seiner Randlage war Portugal 1916 in den blutigen Krieg hineingezogen worden. Die Landbevölkerung wusste zwar wenig vom politischen Zusammenbruch Europas, aber sie bekamen dessen Auswirkung zu spüren durch die Wirtschaftskrise, die Abschaffung der Monarchie und das Fehlen der Männer, die weit weg in einem Krieg kämpften, der die ganze Welt ergriffen hatte.

Das Land steckte seit Jahren in einer tiefen Krise: Aus der reichen Kolonialmacht war ein hochverschuldetes Land geworden und keine der rasch wechselnden Regierungen schaffte es, die wirtschaftliche

Situation zu verbessern und den erneut drohenden Staatsbankrott abzuwenden. Großen Einfluss hatten die Freimaurer und ihr antichristliches Gedankengut. Die neuen Machthaber aus liberalem Bürgertum und Arbeiterbewegung wollten nach dem Vorbild der französischen Revolution Portugal zu einer Republik umformen, d. h. Adel und Kirche wurden entmachtet und enteignet. Der katholischen Kirche wurde die Hauptschuld an der Misere des Landes zugeschoben, weshalb das Christentum binnen zweier Generationen aus Portugal verschwinden sollte. *„Weder Gott noch Religion“* war allerorts zu hören. Der Hass gegen die Kirche wurde systematisch geschürt, die Auseinandersetzung zwischen Regierungsanhängern und Katholiken nahmen zu. Priester und Ordensleute wurden vertrieben, katholische Schulen geschlossen, Kirchenvermögen eingezogen. Nur in wenigen Kirchen konnte weiterhin Gottesdienst gefeiert werden. Die Erlaubnis Priester zu werden, erteilte nur der Justiz-

Die Wallfahrtskirche von Nazaré.

minister, die Beziehungen zum Vatikan wurden abgebrochen. *„In den ersten Jahren der Republik wurde die Kirche stark verfolgt. Die religiöse Praxis war sehr eingeschränkt und geschah im Geheimen. Kirchen wurden geschlossen, Prozessionen und das Läuten der Kirchenglocken waren verboten, Priester wurden ins Gefängnis geworfen, Ordensleute und Schwestern wurden ins Ausland verbannt. In Fátima kam die Verfolgung nicht so durch, vielleicht weil es eine zurückgezogene und fast unbekannte Gegend war, der Pfarrer aber musste mit großer Angst vorgehen."* (Schwester Lucia)

Im Herzen Portugals: Fátima

Fátima liegt im Zentrum Portugals, 50 Kilometer vom Atlantik und 130 Kilometer von der Hauptstadt Lissabon entfernt, an den Ausläufern der Aire-Berge. Es gehörte zum Bezirk von Vila Nova de Ourém und zur Diözese von Leiria: eine typische Landgemeinde, wie es viele in Portugal gab, mit seinen ca. 2.500 Einwohnern und 40 Weilern. Die Häuser waren klein, mit angeschlossenen Ställen für die Schafe, einer Zisterne im Hof zum Sammeln des Regenwassers; zwischen den Steinmauern pflegten die Bauern ihre Felder und Weiden. In Fátima ging das Leben seit Generationen seinen gewohnten Gang, viel hatte sich nicht verändert. Die Bevölkerung war meist arm, hatte aber ihr bescheidenes Auskommen. Es war ein einfaches und arbeitsreiches Leben. Es gab eine Dorfschule, die nur wenige Kinder besuchen konnten; die meisten mussten entsprechend ihrem Alter bei der anstehenden Arbeit helfen, z. B. beim Schafe Hüten. Nur selten kamen Fremde in das abgeschiedene Dorf, weit weg von der großem Politik und dem Weltgeschehen. Deshalb hatte auch die religionsfeindliche Haltung der

Regierung Fátima noch nicht erreicht: der Kirchenbesuch am Sonntag war selbstverständlich, die Marienfrömmigkeit seit Jahrhunderten durch die Dominikaner des nahen Klosters von Alcobaça fest verankert. Religiöse Feste boten eine willkommene Abwechslung im gleichförmigen und harten Alltag.

Das einzig besondere war der Name des Dorfes: Fátima, ein beliebter arabischer Frauenname, nach der Lieblingstochter des Propheten Mohammed, Erinnerung an die Zeit, in der das Land südlich des Tejo von den Mauren besetzt war. Eine Legende erzählt von der schönen Tochter eines mächtigen Maurenfürsten aus Al-Kasar (dem heutigen Alcacer do Sal) namens Fátima und führt zurück in das Jahr 1158 zum 24. Juni. Es war der Festtag Johannes des Täufers, auch für Muslime ein großer Prophet. Aus diesem Anlass hatte der Maurenfürst für die Familien seiner Getreuen ein Picknick veranstaltet. Dabei überfielen christliche Ritter unter der Führung von Don Gonçales Hermin-

Alte Basilika.

gues, dem *„Schrecken der Mauren“*, die ahnungslose Gruppe. Die Männer flüchteten oder wurden getötet, die Frauen gefangen genommen – darunter auch die Fürstentochter Fátima. Zusammen mit den anderen Gefangenen wurde sie nach Santarém gebracht, dem Sitz des christlichen Königs Afonso Henriques. Don Gonçales hatte sich in die schöne Fátima verliebt und erbat sich vom König ihre Hand. Fátima erwiderte die Liebe und war bereit seine Frau zu werden. Dafür lies sie sich taufen und erhielt den Namen Oureana, die *„Goldene“*. Der König schenkte dem Paar zur Hochzeit Ländereien rund um das Dorf Abdegas, das Hermingues zu Ehren seiner Frau nach ihr benannte: Oureana, das heutige Vila Nova de Ourém, die Bezirkshauptstadt nahe Fátima. Bald nach der Hochzeit starb Oureana und Don Hermingues trat aus Trauer in das Kloster des hl. Bernhard von Alcobaça ein. Oureana ließ er in einer kleinen Dorfkirche ca. fünf Kilometer von Ourém entfernt beisetzen. Seither trägt das Dorf um die Kirche ihren arabischen Namen Fátima.

Feierlichkeiten zum 13. Mai 2010.

Die Seherkinder: Lucia, Francisco und Jacinta

> *„Den Unmündigen hast du alles offenbart“* (Mt 11,25)

Die Ereignisse und Entwicklungen von Fátima sind untrennbar verbunden mit den drei Seherkindern Lucia, Francisco und Jacinta. Lucias Vater und die Mutter von Francisco und Jacinta waren Geschwister, und die drei wuchsen zusammen in Aljustrel auf, Lucias Mutter war den beiden Geschwistern wie eine zweite Mutter. Oft kamen die beiden, um mit der älteren Lucia zu spielen oder ihr Gesellschaft zu leisten.

Ungefähr einen Kilometer von Fátima entfernt liegt der Weiler Aljustrel, wo die drei Seherkinder Lucia dos Santos und die Geschwister Francisco und Jacinta Marto aufwuchsen. Dort wurden ihnen schon 1916 drei Engelserscheinungen zuteil. Vor den Erscheinungen unterschieden sich die Kinder in Nichts von ihren Altersgenossen. Zur Schule gingen sie nicht, weil sie in Haus und Hof mitarbeiten mussten. Erst nach den Erscheinungen ging Lucia in die örtliche Primarschule, wo sie rasch Lesen und Schreiben lernte. Von klein an wurden die Kinder von ihren Eltern zum christlichen Glauben hingeführt, aber kleine Heilige waren sie trotzdem nicht. Von ihren Eltern zur Wahrheitsliebe erzogen, lebten sie eine altersgemäße, bodenständige Religiosität und fanden neben der Arbeit noch genug Zeit zu fröhlichem Spiel. Wie sie es zuhause gelernt hatten, beteten sie mehrmals täglich. *„Man hatte uns empfohlen, nach dem Vesperbrot den Rosenkranz zu beten. Aber weil uns die Zeit zum Spielen zu kurz vorkam, hatten wir eine gute Gewohnheit herausgefunden, schnell fertig zu werden: Wir ließen die Perlen gleiten, indem wir sagten ‚Ave Maria, ave Maria, ave Maria!‘ Wenn wir am Ende des Geheimnisses angekommen* *waren, sagten wir das Vaterunser. So hatten wir schnell unseren Rosenkranz gebetet.“* (Schwester Lucia)

Mit den Erscheinungen änderte sich das unbeschwerte Leben der Kinder: Den Dreien erschien dreimal der Engel und in sechs Erscheinungen sahen sie die Gottesmutter. Francisco konnte die Erscheinung Marias nur sehen, seine Schwester Jacinta sah und hörte sie. Mit ihr sprechen und ihr Bitten übermitteln konnte nur Lucia. Die Kinder orientierten sich von nun an ganz an der Botschaft, die ihnen der Engel und die Gottesmutter anvertraut hatten und die sie mit ihrem Leben bezeugen wollten. Lucia hatte bei den Erscheinungen eine Vorrangstellung, und da sie länger auf Erden bleiben würde als die beiden anderen, war es ihre Aufgabe, die Botschaft von Fátima weiterzugeben und durch ihr Leben dafür einzutreten.

Die drei Seherkinder (von links nach rechts) Lucia, Francisco und Jacinta.

Lucia dos Santos (Schwester Maria das Dores bzw. als Karmelitin Schwester Lucia vom unbefleckten Herzen Mariens) **22. März 1907 – 13. Februar 2005**

Kindheit in Fátima (1907 – 1921)

Lucia war das jüngste von sieben Kindern der Eheleute Antonio und Maria Rosa dos Santos, sie wurde am 22. März 1907 geboren. Die Eltern waren einfache und fromme Bauern, die im ganzen Dorf geschätzt wurden, nicht zuletzt wegen ihrer Hilfsbereitschaft. Wenige Tage nach der Geburt ließen sie das Kind am Karsamstag, den 30. März, taufen, und schon mit sechs Jahren ging Lucia erstmals zur hl. Kommunion und nicht erst wie sonst üblich mit zehn Jahren. Ihre Mutter hatte sie darauf vorbereitet, und es war Lucias Wunsch, sobald als möglich die Eucharistie zu empfangen. Dank ihres guten Gedächtnisses, hatte sie alle mit ihrem Wissen und ihren Katechismuskenntnissen überrascht.

Als jüngste der Familie wurde Lucia von ihren Geschwistern und besonders von ihrer Mutter verwöhnt. *„Überhaupt, mit Zärtlichkeiten und Liebkosungen habe ich mein sechstes Lebensjahr erreicht ... An den Festtagen liebte ich, mich mit einer kleinen goldenen Schnur und mit großen Ohrringen zu schmücken, die mir bis auf die Schulter herabfielen, und ein schönes Hütchen zu tragen ... In der Umgegend lebte kein anderes so gut herausgeputztes Mädchen, und meine Schwestern und meine Patin Therese brüsteten sich deshalb.“* (Schwester Lucia)

Selbst wenn sie auf Fotographien eher mürrisch und ernst anmutet, hatte Lucia eine große Ausstrahlung, besonders Kinder fühlten sich bei ihr wohl. Sie half, auf die jüngeren Kinder in der Verwandtschaft aufzupassen. Als sie mit neun Jahren anfing, die elterlichen Schafe auf die Weiden zu führen, schlossen sich ihr die beiden Geschwister Francisco und Jacinta gerne an.

Das Leben war für eine Familie mit sieben Kindern nicht einfach, noch dazu da Vater Antonio oft Geld für Alkohol ausgab. Selten ging er in Fátima zur Kirche, da er mit dem neuen Pfarrer nicht zurechtkam; in der Familie betete er mit seinen Kindern und war stets zur Stelle, wenn nachbarschaftliche Hilfe gebraucht wurde. Bei Lucias Berichten über die Erscheinungen blieb er ruhig: *„Sei nicht besorgt. Wir wissen nicht, ob es die Wahrheit ist, wir wissen aber auch nicht, ob es Lüge ist. Hoffen wir geduldig, bis wir sehen, wie all dies enden wird."* (Schwester Lucia)

Ganz anders Mutter Maria Rosa: Sie litt darunter, dass das Geld immer knapper wurde, ihre erwachsenen Töchter das Haus verließen, um zu heiraten oder Arbeit zu suchen. Und da waren vor allem die Probleme mit Lucia, die während der Erscheinungen gerade zehn Jahre alt war. *„Gott hat mir sieben Kinder gegeben ... Für wen ich am meisten besorgt bin, ist diese Lucia, weil ich nicht sicher weiß, ob Unsere Liebe Frau ihr wirklich erschienen ist."* (Schwester Lucia)

Sie glaubte ihrer Tochter nicht, bezichtigte sie der Lüge und schlug sie sogar, um sie auf den richtigen Weg zurückzubringen. Als sie nichts ausrichten konnte, wandte sie sich an den Pfarrer, um auf Lucia einzuwirken. *„Ich verstand die Angst der Mutter: die Unordnung, die durch alles in unserem Hause verursacht wurde. Und mit all dem litt sie, Gott weiß, wie viel! Ich wäre, wie die Mutter sagte, die Ursache von allem und wenn ich eingestände, dass ich lüge, würde alles aufhören. Aber ich dachte: ‚Wenn ich sage, ich hätte gelogen, dann würde ich lügen'."* (Schwester Lucia)

Dazu kam der Ärger mit den Dorfbewohnern, die wütend waren über die ständige Unruhe durch die vielen Schaulustigen und den Weggang des Pfarrers, dem der Rummel um die Erscheinungen zu viel geworden war. Lucia litt unter den ständigen Vorwürfen der Mutter und fühlte sich verantwortlich für die Probleme in der Familie, vor allem für die finanziellen Einbußen durch den Verlust der Weiden und Felder in der Cova da Iria, die von den Besuchern niedergetrampelt wurden: *„Ich erinnerte mich dann an vergangene Zeiten und fragte mich selbst: Wo ist die Liebe, die meine Familie mir noch vor kurzer Zeit zeigte? Meine einzige Erleichterung waren die Tränen, die ich vor Gott vergoss, als ich ihm mein Opfer anbot."* (Schwester Lucia)

Bis zu ihrem Tod im Jahr 1942 zweifelte die Mutter an Lucia: *„Geh mein Kind. Wenn du wirklich Unsere Liebe Frau gesehen hast, soll sie dich behüten. Ihr übergebe ich dich. Wenn du aber gelogen hast, weiß ich nicht, was aus dir werden wird."* (Schwester Lucia)

Hinter der Härte der Mutter stand die Sorge um ihre Tochter. Sie begleitete Lucia am 13. Oktober zur Cova da Iria. Sie hatte Angst, dass ihr dort etwas zustoßen könnte: *„Wenn unser Kind dort sterben wird, wollen wir dort mit ihm sterben. Ohne an sich selber zu denken, wollte sie mich begleiten und ging aus dem Haus unter stürmischem Regen und einem rauen Wind, der Gefahr entgegen, ohne davor zu erschrecken."* (Schwester Lucia)

Lucia liebte ihre Eltern von ganzem Herzen. Der frühe Tod des Vaters und der Abschied von Jacinta und Francisco trafen Lucia tief. Als die Mutter schwer erkrankte, bat Lucia inständig die Gottesmutter um ihre Hilfe und versprach, an neun Tagen den Rosenkranz zu beten und dabei auf Knien von der Straße zum Erscheinungsort zu rutschen – ein Beispiel, dem bis heute die Pilger folgen. Die Mutter wurde wieder gesund, die Probleme mit Lucia blieben. Deshalb entschloss sie sich, ihre Tochter aus Fátima wegzuschicken.

Mit Hilfe des neu ernannten Bischofs da Silva konnte Lucia ins *„Asilio do Vilar"* in Porto aufgenommen werden, das von den Dorothea-Schwestern geleitet wurde. Dort war sie vor den ständigen Befragungen geschützt. Zudem hatte der Bischof erhofft, dass sich mit dem Weggang der letzten lebenden Seherin der Zustrom von Pilgern nach Fátima verringern würde; noch stand das Urteil über die Echtheit der Erscheinungen aus, die kirchliche Anerkennung erfolgte nach gründlichen Untersuchungen erst 1930.

Damit Lucia unerkannt blieb, erhielt sie den Namen Maria das Dores. Niemand sollte ihre wahre Identität erfahren, ihr war verboten, über ihre Herkunft und die Ereignisse von Fátima zu sprechen; Besuche in der Heimat waren nicht vorgesehen, nur selten durfte sie Briefe nach Hause schreiben. Lucia war vierzehn Jahre alt, als sie im Jahr 1921 ihr Elternhaus für immer verließ. Bei den Dorotheerinnen empfing sie 1925 von Bischof José da Silva die Firmung. und bat um Aufnahme ins Postulat der Schwestern. Dazu musste sie ins spanische Pontevedra, da in Portugal alle religiösen Orden aufgehoben wurden.

Bei den Dorotheerinnen in Pontevedra und Tuy (1925 – 1946)

Am 24. Oktober 1925 traf Lucia im galizischen Pontevedra ein, wo ihr am 10. Dezember in ihrer Zelle eine weitere Marienerscheinung zuteil wurde. Die

Gottesmutter erschien mit dem Jesuskind im Arm und wies auf ihr von Dornen umgebenes Herz. Das Kind sprach: *„Hab Mitleid mit dem Herzen deiner heiligsten Mutter, umgeben von Dornen, mit denen die undankbaren Menschen es ständig durchbohren, ohne dass jemand einen Sühneakt machen würde, um sie herauszuziehen."* (Schwester Lucia)

Dann folgte die Mahnung zur samstäglichen Sühnekommunion, die die Gottesmutter schon bei der Erscheinung im Juli 1917 angesprochen hatte: *„Meine Tochter, schau mein Herz, umgeben von Dornen, mit denen die undankbaren Menschen durch ihre Lästerungen und Undankbarkeiten es ständig durchbohren. Tröste wenigstens du mich und mach bekannt, dass ich verspreche, all jenen in der Todesstunde mit allen Gnaden, die für das Heil dieser Seelen notwendig sind, beizustehen, die fünf Monate lang jeweils am ersten Samstag beichten, die heilige Kommunion empfangen, einen Rosenkranz beten und mir während fünfzehn Minuten durch Betrachtung der fünfzehn Rosenkranzgeheimnisse Gesellschaft leisten in der Absicht, mich zu trösten."* (Schwester Lucia)

Nachdem die Oberin und Lucias Beichtvater auf Lucias Erzählung und die Bitte um Einführung der Sühnesamstage skeptisch reagiert hatten, erschien im Februar 1926 und März 1929 erneut das Jesuskind: *„Bitte wieder und wieder um die Durchführung der Sühnekommunion als Ehrung des unbefleckten Herzens Mariens an den ersten Samstagen. Die Zeit kommt, wenn meine Gerechtigkeit die Verbrechen verschiedener Nationen bestrafen wird …"* (Schwester Lucia)

Zum Noviziat wechselte Lucia im Oktober 1926 ins spanische Tuy. Ihr offizieller Ordensname war Schwester Lucia Maria das Dores (Maria von den Schmerzen). Ihre zeitlichen Gelübde folgten am 3. Oktober 1928 und sechs Jahre später in Anwesenheit ihrer Mutter die ewigen. Jetzt durfte sie ihre wahre Identität preisgeben. Als Aufgabe wurde ihr die Mithilfe im klösterlichen Haushalt übertragen.

In der Hauskapelle von Tuy wurde Schwester Lucia im Jahr 1930 erneut eine Marienerscheinung zuteil, die sie in das Geheimnis der Dreifaltigkeit einführte und sie auf die Dringlichkeit der Weihe Russlands an das unbefleckte Herz Mariens durch den Papst und die Bischöfe hinwies, um die bedrohte Welt zu retten: *„Ich hatte von meinen Oberinnen und meinem Beichtvater die Erlaubnis erbeten und erhalten, jeweils in der Nacht von Donnerstag auf Freitag von elf Uhr bis Mitternacht eine heilige Stunde zu halten. Eines Nachts war ich allein; ich kniete mich an das Geländer in der Mitte der Kapelle, um die Gebete des Engels zu beten. Da ich mich müde fühlte, richtete ich mich auf und betete weiter mit ausgebreiteten Armen. Nur das ewige Licht brannte. Plötzlich erhellte sich die ganze Kapelle durch ein übernatürliches Licht, und auf dem Altar erschien ein Kreuz aus Licht, das bis zur Decke reichte. In einem klaren Licht sah man im oberen Teil des Kreuzes das Antlitz und den Oberkörper eines Menschen, über der Brust eine Taube, ebenfalls aus Licht, und an das Kreuz genagelt den Körper eines anderen Menschen. Ein wenig unterhalb der Taille, in der Luft schwebend, sah man den Kelch und eine große Hostie, auf die einige Tropfen Blutes herabliefen. Von der Hostie herabgleitend, fielen diese Tropfen in den Kelch. Unter dem rechten Arm des Kreuzes stand Unsere Liebe Frau; es war Unsere Liebe Frau von Fátima mit ihrem unbefleckten Herzen in der linken Hand. Unter dem linken Arm des Kreuzes bildeten sich große Buchstaben wie aus Wasser, das auf den Altar lief und die Worte bildete ‚Gnade und Erbarmen'.“* (Schwester Lucia).

Großer Platz (Blick auf Erscheinungskapelle mit Steineiche).

Während all dieser Jahre lebte Schwester Lucia das Motto ihrer Klostergemeinschaft *„Der Wille Gottes ist mein Paradies"*. Zahlreiche Verhöre und Befragungen musste sie über sich ergehen lassen, sie schrieb Briefe und verfasste auf den dringenden Wunsch des Bischofs da Silva eine detaillierte Niederschrift der Ereignisse von Fátima. Schwerpunkte ihrer Darlegungen sind das Leben Jacintas, die Erscheinungen des Engels und der Gottesmutter und das Geheimnis von Fátima. *„Vielleicht fragt jemand: Wie kommt es, dass sich die Schwester an all das erinnert? ... Wenn wir mit einem einfachen Geschöpf sprechen, vergessen wir nach und nach, was gesagt wurde. Diese übernatürlichen Dinge prägen sich, wie wir sie sehen und hören, so tief in unsere Seele, dass es nicht leicht ist, sie zu vergessen."* (Schwester Lucia)

Unverständlich waren ihr die Spekulationen über den dritten Teil des Geheimnisses, ohne das umzusetzen, um was die Gottesmutter gebeten hatte: ein christliches Leben in Gebet und in Hinwendung zu Gott. Nach der Veröffentlichung des dritten Teils bestätigte Lucia, dass nun alles bekannt sei und es kein weiteres Geheimnis gäbe. Die Oberin erlaubte, dass Schwester Lucia den Wunsch der Gottesmutter in

Aljustrel (Elternhaus Lucias).

einem Brief an Papst Pius XI. weitergab, der daraufhin für die Bekehrung Russlands betete, aber keine Weihe vollzog. 1930, am Jahrestag der letzten Erscheinung von Fátima, erklärte der Ortsbischof die Echtheit der Erscheinung; die Wallfahrt nach Fátima war damit offiziell erlaubt.

Im Karmel von Coimbra (1948 – 2005)

Zur Krönung der Gnadenstatue in der Erscheinungskapelle von Fátima durfte Schwester Lucia 1946 erstmals wieder in ihre Heimat. Vieles hatte sich dort verändert. Als sie den neu erbauten Karmel sah, erwachte in ihr der alte Wunsch, in den kontemplativen Orden einzutreten. Sie wandte sich an Papst Pius XII. und mit seiner Erlaubnis durfte Schwester Lucia am 25. März 1948, dem Hochfest der Verkündigung des

Herrn, in den Karmel der hl. Theresia von Coimbra eintreten. Sie erhielt den Ordensnamen Maria Lucia vom unbefleckten Herzen. Ihre feierlichen Gelübde legte sie am 31. März 1949 ab. Auch im Karmel übernahm sie verschiedene Aufgaben in Haus und Garten und stand als Ratschwester ihren Mitschwestern zur Seite. Am 21. Oktober 2003 feierte sie ihr 75-jähriges Profess-Jubiläum. Nach Fátima zurückzukehren, waren tiefe Erlebnisse, so zu den Besuchen der Päpste Paul VI. und Johannes Paul II. Ein Höhepunkt war, als sie mit einer halben Million Pilger am 13. Mai 2000 der Seligsprechung ihrer Gefährten Jacinta und Francisco durch Johannes Paul II. beiwohnen durfte.

„Unsere Liebe Frau sagte, dass ich noch einige Zeit auf Erden bleiben soll. Aber jetzt ist es schon sehr lange", bemerkte Schwester Lucia im Jahr 2004. Seit über 75 Jahren lebte sie nun schon bescheiden und zurückgezogen als Ordensfrau, davon mehr als 40 Jahre als unbeschuhte Karmelitin in Coimbra. Am 13. Februar 2005 starb sie 97-jährig, in den Händen einen Rosenkranz, ein Geschenk von Papst Johannes Paul II., dem sie eng verbunden war. Wie sie es gewünscht hatte, wurde sie für ein Jahr auf dem Klosterfriedhof von Coimbra beigesetzt. Am Tag ihrer Überführung nach Fatima, dem 19. Februar 2006, wurde Staatstrauer angeordnet. Im Auftrag des Papstes ehrte Kardinalstaatssekretär Tarcisio Bertone Schwester Lucia, die neben Jacinta in der alten Basilika von Fátima beigesetzt wurde.

Schon 2008 gab Papst Benedikt XVI. sein Einverständnis für die Einleitung des Seligsprechungsprozesses – nicht wegen der Visionen, die Lucia zuteil wurden, sondern wegen ihres heiligmäßigen Lebens, das sie mehr als 80 Jahre in den Dienst der Botschaft von Fátima stellte.

Die Geschwister Francisco und Jacinta Marto

Manuel Pedro Marto hatte Lucias Tante Olimpia geheiratet, die aus ihrer ersten Ehe schon zwei Kinder mitbrachte. Francisco und Jacinta waren ihr achtes und neuntes Kind. Es war eine einfache, tief religiöse Bauernfamilie, deren Tag durch harte Arbeit bestimmt war. Der christliche Glaube wurde in der Gemeinde und zuhause gelebt, die Kinder lernten am Vorbild ihrer Eltern.

Anders als Lucias Mutter glaubten die Martos ihren Kindern und stellten sich schützend vor sie, auch in der Auseinandersetzung mit den staatlichen Behörden. Vater Manuel war überzeugt, dass seine Kinder nicht lügen. Damit war er der erste, der an die Erscheinungen von Fátima glaubte.

Pfarrkirche von Fátima mit den Statuen von Francisco und Jacinta.

Francisco Marto (11. Juni 1908 – 4. April 1919)

Der ruhige und nachdenkliche Francisco war ein verträumtes Kind, das seinem Vater ähnelte; er liebte die Natur und besonders die Vögel. *„Francisco schien gar nicht der Bruder Jacintas zu sein, er glich ihr weder in den Gesichtszügen, noch bei der Übung der Tugenden. Er war nicht eigensinnig und lebhaft wie sie. Er hatte im Gegenteil ein friedliches und nachgiebiges Naturell."* (Schwester Lucia)

Beim Schafe Hüten zog er sich gern ein wenig zurück und machte Musik. Häufig spielte er auf seiner Flöte, sang selbst verfasste Lieder oder spielte seinen Gefährtinnen zum Tanz auf: *„Wir tanzten sehr gern, und jedes Instrument, das wir die anderen Hirten spielen hörten, reichte aus, uns zum Tanzen zu bringen."* (Schwester Lucia)

Die Erscheinungen konnte er nur sehen, tief beeindruckt von dem strahlenden Licht und der Schönheit der Dame. Fast mystisch klingt seine Schilderung der Ereignisse: *„Ich habe gespürt, dass Gott in mir war, ich wusste aber nicht, wie ... Wir brannten in jenem Licht, das Gott ist, und wir wurden nicht verbrannt. Wie ist doch Gott? Das kann man nicht aussprechen! Ja, das kann keiner jemals sagen."* (Schwester Lucia)

Was die Dame sagte, ließ er sich von Jacinta und Lucia erklären. Sein Leben änderte sich und sein größter Wunsch war, *„unseren Herrn und Unsere Liebe Frau zu trösten, die ihm so traurig zu sein schienen."* (Schwester Lucia) Noch mehr als früher zog er sich von den anderen zurück, wie Lucia berichtet: *„Wenn ich ihn fragte: ‚Francisco, warum rufst du nicht mich und Jacinta, dass wir mit dir beten?', antwortete er: ‚Ich bete lieber allein, um nachzudenken und unseren Herrn zu trösten, der so traurig ist.' – ‚Francisco, was tust du* *lieber: den Heiland trösten oder die Sünder bekehren, damit keine Seele in die Hölle kommt?' – ,Ich tröste lieber den Heiland. Hast du nicht gemerkt, wie Unsere Liebe Frau letzten Monat so traurig wurde, als sie sagte, dass die Menschen den Herrgott nicht mehr beleidigen sollen, der schon so sehr beleidigt wurde? Ich möchte den Heiland trösten und dann die Sünder bekehren, damit sie ihn nicht mehr beleidigen'."* (Schwester Lucia) Jacinta ermahnte er, nicht so viel an die Hölle zu denken, sondern lieber an Jesus und seine Mutter.

Im Herbst 1918 fegte eine Epidemie über Europa und mit der Mutter und Jacinta erkrankte auch Francisco an der sog. Spanischen Grippe. Er ertrug sein Leiden mit großer Geduld, war es doch eine Möglichkeit, Jesus zu trösten.

Mehrere Monate dauerte die Krankheit schon an, die Lungenentzündung hatte Francisco immer schwächer werden lassen. Am 3. April 1919 wurde ein Priester geholt, um ihm die Beichte abzunehmen, damit er am folgenden Tag zum ersten Mal die hl. Kommunion empfangen konnte. Kurz nachdem er den *„verborgenen Jesus"* erhalten hatte, schlief er friedlich ein – ein Jahr nach den Erscheinungen, im Alter von elf Jahren.

Jacinta Marto (11. März 1910 – 20. Februar 1920)

Jacinta war im Gegensatz zu ihrem Bruder Francisco lebhaft. Sie liebte die Natur, besonders die Blumen und tanzte gern. *„Sie war die erste an Ausgelassenheit und Launenhaftigkeit. Ich kann nicht sagen, dass die anderen Kinder ihr so zuliefen wie mir"*, stellte Lucia fest. Im Umgang mit anderen war Jacinta zwar gutherzig, dennoch sehr empfindsam und leicht beleidigt. Am liebsten spielte sie mit Lucia und Francisco oder hörte zu, wie Lucia ihnen aus dem Katechismus oder der Bibel erzählte.

Die Erscheinungen veränderten Jacintas Leben von Grund auf: Äußerlich war ihr ruhiges Leben als Hirtin durch die ständigen Befragungen von Besuchern und Vertretern der Behörden gestört; dazu kamen Beschimpfungen und Verspottung. *„Wir empfanden die ständigen Belästigungen als Opfer, die wir zu bringen hatten, versuchten aber dennoch, uns zu entziehen indem wir uns versteckten."* (Schwester Lucia) In einer Vision im Garten von Lucias Elternhaus sah sie viele Menschen, die auf den Straßen vor Hunger weinten, und den Papst, der mit den leidenden Menschen in einer Kirche betete – die Schrecken des Krieges. Fortan betete Jacinta noch intensiver, dass ihr Land davon verschont bliebe.

Tiefgreifend war die Veränderung in Jacintas Wesen: aus dem unbeschwerten Mädchen wurde ein ruhiges Kind, dessen Hauptziel war, Opfer für die Sünder zu bringen. *„Die Vision der Hölle hatte Jacinta dermaßen mit Entsetzen erfüllt, dass alle Bußübungen und Abtötungen ihr wie nichts erschienen, wenn sie nur einige Seelen vor der Hölle bewahren konnte."* (Schwester Lucia) Trotz ihrer erst sieben Jahre führte Jacinta ein Leben, das geprägt war von Buße, Opfern und Gebet. Im Rahmen ihrer Möglichkeiten suchte sie mit den beiden anderen nach Gelegenheiten für Opfer, was manchem übertrieben und sogar unvernünftig erscheinen mag. Die Kinder verzichteten auf ihre Lieblingsspeisen, die sie weiterverschenkten, hielten Durst aus und banden sich zur Buße einen Strick um die Taille. So oft sie konnten, beteten sie den Rosenkranz und die Gebete des Engels. Mit Francisco eiferte sie darum, möglichst zahlreiche Opfer zu bringen. Die Kraft dazu zog sie aus ihrer Liebe zu Jesus: *„Ich sage*

Jesus so gerne, dass ich ihn liebe. Wenn ich es ihm viele Male sage, scheint mir, dass ich eine Flamme in der Brust habe, aber ich verbrenne mich nicht dabei ... Ich habe unseren Herrn und Unsere Liebe Frau so gerne, dass ich niemals müde werde, ihnen zu sagen, dass ich sie liebe." (Schwester Lucia)

Entsprechend dem Auftrag der Gottesmutter ging sie mit ihren beiden Freunden in die Dorfschule, um Lesen und Schreiben zu lernen. Oft war sie mit Francisco in der Pfarrkirche, nahe dem im Tabernakel *„verborgenen Jesus"*. Wenn Lucia beim Gottesdienst die Eucharistie empfangen hatte, bat Jacinta, ganz nahe bei ihr zu bleiben, *„denn du hast den verborgenen Heiland in deinem Herzen."* (Schwester Lucia) Ihr sehnlichster Wunsch war, selbst die hl. Kommunion zu empfangen.

Als Francisco im Frühjahr 1919 an der Grippe starb, litt sie sehr. Sie selbst musste für einige Monate ins Krankenhaus von Vila Nova de Ourém, wo zur Lungenentzündung noch ein schmerzhafter Abszess auf der Brust dazukam, der eine offene Wunde zurückließ. Da sich ihr Gesundheitszustand nicht besserte, wurde Jacinta Anfang des Jahres nach Lissabon ins Krankenhaus Santa Estefania gebracht; sie wusste, dass sie bald sterben würde. Wegen einer eitrigen Rippenfellentzündung wurden ihr zwei Rippen entfernt. Doch sie klagte nie, ihre Sorge galt dem drohenden Unheil, auf das die Welt zusteuerte: *„Wenn sich die Menschen nicht bessern, wird Unsere Liebe Frau der Welt eine Strafe schicken, wie man bisher noch keine gesehen hat, und vor anderen Ländern wird es Spanien treffen ..."* Sie war schon tot, als der Zweite Weltkrieg ausbrach und Spanien unter der faschistischen Schreckensherrschaft in einen grausamen Bürgerkrieg verwickelt wurde, während ihre Heimat Portugal davon verschont blieb. Traurig war sie darüber, weit weg von ihren Eltern und Lucia sterben zu müssen, aber sie tröstete sich, indem sie es für die Sünder aufopferte. *„Hier sprach Jacinta über Dinge, die sicher über ihren kindlichen Verstand hinaus gingen. Sie sprach über Lebensaufgaben und Verpflichtungen: gegen die Modeströmungen, über den Ungehorsam von Priestern und Ordensleuten, Regierungen, Ärzten, über die Verfolgung der Kirche, die Ehe, die Armut ...“* (Schwester Lucia)

Am Abend des 20. Februar 1920 nahm ihr ein Priester die Beichte ab, die hl. Kommunion wollte er ihr am nächsten Tag bringen, obwohl Jacinta ihn inständig bat, sie ihr sofort zu geben. Sie starb noch in derselben Nacht, allein und weit weg von ihrer Familie. Jacintas Leichnam wurde zunächst in Vila Nova de Ourém bestattet, bis sie im September 1935 neben ihrem Bruder auf dem Friedhof von Fátima beigesetzt wurde. Nach Fertigstellung der Basilika wurden die beiden Geschwister dorthin überführt (Jacinta in die erste Seitenkapelle links, Francisco in die rechte). Jacintas Leib war bei der Exhumierung unverwest aufgefunden worden.

Für Jacinta und Francisco wurde am 21. Dezember 1949 der Seligsprechungsprozess eingeleitet, nach dessen Abschluss Papst Johannes Paul II. die beiden Seherkinder am 13. Mai 2000 selig sprechen konnte, im Beisein ihrer inzwischen 93-jährigen Cousine Lucia: *„Zwei Kerzen, die Gott entzündet hat, um die Menschheit in ihren dunklen und sorgenvollen Stunden zu erleuchten.“* (Papst Johannes Paul II. am 13. Mai 2000) Ihr Gedenktag ist der 20. Februar.

Die Kinder spielten als Seher bei den Erscheinungen eine entscheidende Rolle, aber ausschlaggebend für die Selig- bzw. Heiligsprechung ist ihre Bereitschaft, durch ihr Leben die empfangene Botschaft zu bezeugen. *„Ihre Heiligkeit hängt nicht von den Erscheinungen ab, sondern von der Treue und dem Engagement, mit denen sie dem einzigartigen Geschenk des Herrn und der seligen Jungfrau Maria entsprochen haben ... Außerdem mussten die Hirtenkinder dem starken Druck der Leute standhalten, die sie mit Zwang und schrecklichen Drohungen dazu drängten, alles zu leugnen und die empfangenen Geheimnisse zu enthüllen. Aber sie machten sich gegenseitig Mut, vertrauten auf den Herrn und auf die Hilfe ‚der Frau', von der Francisco sagte: ‚Sie ist unsere Freundin.' Wegen ihrer Treue zu Gott sind sie ein leuchtendes Vorbild für Kinder und Erwachsene, wie man sich – auf einfache und dennoch großherzige Weise – dem verwandelnden Wirken der Gnade Gottes anpassen kann."* (Papst Johannes Paul II. am 17. Mai 2000)

Hirtendenkmal.

Die drei Engelerscheinungen von 1916

> *„Ich werde einen Engel schicken, der dir vorausgeht. Er soll dich auf dem Weg schützen und dich an den Ort bringen, den ich bestimmt habe. Achte auf ihn, und hör auf seine Stimme!“* (Ex 23,20f)

Die Bedeutung dieser biblischen Aussage bestätigte sich für die drei Kinder mehrfach. Schon im Sommer 1915, als die Kinder auf dem Cabeço-Hügel (Loca do Cabeço) nahe Aljustrel die Schafe hüteten, sahen sie mehrfach eine weiße Wolke in Menschenform über den Bäumen schweben, durch die die Sonne leuchtete. *„Es schien wohl der Engel, der sich damals sicher nicht ganz zu offenbaren wagte“*, so schilderte Lucia später die Vorkommnisse zwischen April und Oktober 1915. Als sie ihren Eltern davon berichteten, hielten sie es für Fantasiespiele der Kinder, und so dachten sie nicht weiter darüber nach und verbrachten ihre Tage weiterhin wie gewohnt: Während sie die Schafe hüteten, verrichteten sie ihre Gebete, tanzten und spielten vergnügt miteinander.

Der Engel des Friedens: die 1. Engelerscheinung im Frühjahr 1916

Wann die Erscheinungen genau stattfanden, lässt sich im Nachhinein nicht exakt festlegen, da die Kinder den Kalender noch nicht kannten, und in der Gleichförmigkeit der Tage einer in den anderen überging. So konnten sie nur die Jahreszeiten unterscheiden.

Es war ein trüber Frühlingstag. Lucia hatte in Begleitung von Jacinta und Francesco die Schafe wie schon so oft auf die saftigen Wiesen des Loca do

Cabeço getrieben. Um die Mittagszeit kam plötzlich ein starker Wind auf, und die Kinder sahen über den Bäumen einen jungen Mann von ca. fünfzehn Jahren und ungewöhnlicher Schönheit, durchsichtig und strahlend, wie ein Kristall, mit einem Gewand weißer als Schnee. Er kam näher und lächelte die Kinder an: *„Habt keine Angst. Ich bin der Engel des Friedens. Betet mit mir!“* Daraufhin kniete er nieder und beugte sein Haupt zu Boden. Die Kinder taten es ihm nach. Dann lehrte er sie ein Gebet, das sie dreimal wiederholten: *„Mein Gott, ich glaube an dich, ich bete dich an, ich hoffe auf dich und ich liebe dich. Ich bitte dich um Verzeihung für jene, die nicht glauben, dich nicht anbeten, nicht hoffen und dich nicht lieben.“ – „Betet so! Die Herzen von Jesus und Maria hören auf eure Bitten.“* Dann verschwand er, während die Kinder zurückblieben.

„Die Atmosphäre des Übernatürlichen, die uns umgab, war so intensiv, dass wir ziemlich lange kaum unseres eigenen Daseins inne wurden. Wir blieben in der Haltung, in welcher der Engel uns zurück gelassen hatte und wiederholten dasselbe Gebet. Wir fühlten die Gegenwart Gottes so gewaltig und innerlich, dass wir nicht einmal untereinander zu sprechen wagten. Noch am nächsten Tag war unser Geist in diese Atmosphäre eingehüllt, die nur sehr langsam verschwand.“ (Schwester Lucia)

Die Kinder beschlossen, über die Erscheinung zu schweigen, aus Angst vor dem Spott und Unglauben ihrer Umgebung.

Der Engel Portugals: die 2. Engelerscheinung im Sommer 1916

Äußerlich war alles wie zuvor. Die Kinder gingen weiterhin ihren Arbeiten nach. Doch tatsächlich hatten die Kinder sich verändert. Sie beteten täglich mit großer Ruhe und Intensität das Gebet des Engels, sooft es ihnen möglich war, manchmal so lange, bis sie vor Müdigkeit nicht mehr konnten. Sie schlossen besonders die Menschen ein, die selbst nicht beteten oder es nicht konnten.

Inzwischen war es Sommer geworden und die Sonne brannte vom Himmel, als die Kinder um die Mittagszeit bei der Zisterne (Poco do arneiro) hinter Lucias Elternhaus spielten. Plötzlich stand abermals der Engel vor ihnen und sprach: *„Was tut ihr? Betet, betet viel! Die heiligen Herzen Jesu und Marias haben mit euch Pläne der Barmherzigkeit vor. Bringt dem Allerhöchsten ständig Gebete und Opfer dar.“* Auf Lucias Frage, wie sie das tun könnten, erwiderte der Engel: *„Bringt alles, was ihr könnt, Gott als Opfer dar, als Wiedergutmachung für die Sünden, durch die er verletzt wird, und als Bitte für die Bekehrung der Sünder. So könnt ihr für euer Vaterland Frieden schaffen. Ich bin sein Schutzengel, der Engel Portugals. Vor allem nehmt die Leiden an, die der Herr euch schicken wird.“*

Noch verstanden die Kinder die Tragweite der Worte nicht, aber sie spürten ihre Bedeutsamkeit. *„Die Worte des Engels prägten sich in unseren Geist ein wie ein Licht, das uns erkennen ließ, wer Gott ist, wie sehr er uns liebt und von uns wiedergeliebt werden will. Wir erkannten den Wert des Opfers und wie es ihm wohlgefällig ist; und wie er um des Opfers willen Sünder bekehrt.“* (Schwester Lucia)

Fortan beteten die Drei noch intensiver, indem sie sich wie der Engel zu Boden neigten und ständig sein Gebet wiederholten. Im Zentrum ihres Denkens und Handelns suchten sie nach Möglichkeiten, Opfer zu bringen für alles, was die Menschen Gott antun.

Die geistliche Kommunion: die 3. Engelerscheinung im Herbst 1916

Im Herbst erschien der Engel ein drittes Mal, als die Kinder am Cabeço ihre Schafe hüteten. Wieder tauchte das strahlende Licht auf und sie erkannten darin den Engel. In seiner linken Hand hielt er einen Kelch, darüber schwebte eine Hostie, aus der einige Blutstropfen in den Kelch fielen. Der Engel kniete nieder und betete mit den Kindern dreimal: *„Heiligste Dreifaltigkeit, Vater, Sohn und Heiliger Geist! In tiefer Ehrfurcht bete ich dich an, und opfere dir den kostbaren Leib und das Blut, die Seele und die Gottheit Jesu Christi, gegenwärtig in allen Tabernakeln der Welt, zur Wiedergutmachung für alle Beleidigungen, Sakrilegien und Gleichgültigkeiten, durch die er beleidigt wird. Durch die unendlichen Verdienste des heiligen Herzens Jesu und des unbefleckten Herzens Mariens bitte ich dich um die Bekehrung der armen Sünder."*

Danach erhob sich der Engel, reichte Lucia die Hostie und anschließend Jacinta und Francisco den Kelch mit den Worten: *„Empfangt den Leib und trinkt das Blut Jesu Christi, der durch die undankbaren Menschen so furchtbar beleidigt wird. Sühnt ihre Sünden und tröstet euren Gott."*

Sich erneut hinkniend, sprach er weitere drei Mal das Gebet zur heiligsten Dreifaltigkeit, bevor die Vision endete.

Die Kinder waren von Mal zu Mal tiefer eingedrungen in die Bedeutung der Vision und ihre Botschaft, sie wollten das durch ihr Leben bestätigen. *„Die Kraft der Gegenwart Gottes war so intensiv, dass sie uns fast gänzlich fesselte und vernichtete. Sie schien uns längere Zeit selbst des Gebrauchs unserer körperlichen Sinne zu berauben. In diesen Tagen erledigten wir unsere Ar-*

Erscheinung des Engels am Cabeço.

beiten gleichsam getragen von demselben übernatürlichen Wesen, das uns dazu bewegte. Der Friede und das Glück, das wir fühlten, waren sehr groß, aber rein innerlich und richtete die Seele völlig auf Gott. Auch die körperliche Entkräftung, die uns niederwarf war sehr groß." (Schwester Lucia)

Ins Gebet versunken blieben die Kinder bis zum Abend am Cabeço.

So erkannten sie, dass Gott mit ihrem Leben einen Plan hat: Sie sollen beten und stellvertretend für die Sünder Opfer bringen und sich so immer mehr durch Glaube, Hoffnung und Liebe Gott zuwenden. Gott ist nicht gleichgültig gegenüber seiner Schöpfung, er will Schaden wie Krieg, Not und Gefahren von ihr abwenden. Lucia, Francisco und Jacinto erhielten nicht nur eine Botschaft von Gott, sie wurden zu glaubwürdigen Zeugen, in dem sicheren Wissen, von Gott geliebt zu sein und ihm Liebe entgegen zu bringen. Für Außenstehende noch unbemerkt, hatte sich in den Kindern eine große Wandlung vollzogen. Sie wollten aber noch über die Widerfahrnisse schweigen. Erst ein Jahr später, nach der ersten Marienerscheinung erzählte Jacinta von dem Engel.

Mit den Engelerscheinungen ist der Kern der Botschaft von Fátima angesprochen: die Sühne für die Sünden und die Vereinigung mit Christus in der Eucharistie. Die geistliche Kommunion der Kinder gilt als Hinweis darauf, dass sie den großen Wunsch in sich trugen, Jesus Christus in der hl. Kommunion zu empfangen.

In den Gebeten des Engels werden uns vier grundlegende Glaubenswahrheiten nahegebracht:

- Die Anbetung Gottes, der sich im Geheimnis der Dreifaltigkeit von Vater, Sohn und Geist als ein Gott in drei Personen geoffenbart hat.
- Die Anbetung Jesu Christi in den eucharistischen Gestalten von Brot und Wein (Francisco spricht immer vom *„verborgenen Jesus“*).
- Die Gestaltung christlichen Lebens aus den drei Tugenden Glaube, Hoffnung und Liebe.
- Die Notwendigkeit der Bekehrung: Wer sich selbst in der Vergebung Gottes weiß, kann auch für die beten, die (noch) nicht an Bekehrung und Umkehr glauben.

Portugal begeht am 10. Juni das Fest seines Engels, den *„Tag des Engels von Portugal“*; in Fátima wird an diesem Tag alljährlich die Kinderwallfahrt begangen.

Die sechs Marienerscheinungen von Mai bis Oktober 1917

Die Erscheinungen des Engels hatten die Kinder gut auf die Begegnung mit der Gottesmutter, der *„Dame"* wie sie sie nannten, vorbereitet: die Gebete des Engels waren ihnen selbstverständlich geworden, und sie beteten täglich den Rosenkranz, auf den bei allen Marienerscheinungen hingewiesen wurde. Mit jeder Erscheinung werden die Bitten der Gottesmutter konkreter und von größerer Intensität und Dringlichkeit. Bei der letzten Erscheinung offenbart sich die Gottesmutter als *„Unsere Liebe Frau vom Rosenkranz"*.

Sonntag, der 13. Mai 1917
(1. Erscheinung in der Cova da Iria)

Wie so oft waren die drei Kinder Lucia de Jesús (10 Jahre), Francisco (9 Jahre) und Jacinta Marto (7 Jahre) mit ihren Schafen zur Cova da Iria gezogen, einer Senke am Dorfrand von Fátima, in der alte Steineichen standen, unter der sich die Kinder niederließen. Um die Mittagszeit hatten die Drei wie gewohnt den Rosenkranz gebetet und wollten gerade mit dem Spielen beginnen; aus Zweigen und Steinen wollten sie eine Mauer bauen, zum Schutz für einen kleinen Busch, damit ihn die Tiere nicht fressen konnten. Da sahen sie vom Osten her ein helles Licht sich nähern und auf einer der Steineichen zum Stehen kommen, dort, wo sich heute die Erscheinungskapelle (Capelinha) befindet. Bei jeder Erscheinung kam die *„Senhora"* (Dame) von Osten her, der Richtung des Sonnenaufgangs und dorthin entschwand sie auch wieder.

In der Lichtwolke erkannten die Kinder eine weiß gekleidete Frau von ungefähr 18 Jahren, strahlend und heller als die Sonne. Ihr Kleid war am Hals mit einer goldenen Schnur geschlossen, an der in Höhe der Taille eine leuchtende Kugel hing. In ihren Händen hielt sie einen weißen Rosenkranz. *„Die Dame verbreitet ein helleres Licht als die hellsten Sonnenstrahlen, die durch ein mit Wasser gefülltes Kristallglas scheinen. Wir standen so nahe, dass wir innerhalb des Lichtes blieben, welches sie umgab oder das sie ausstrahlte. Der Abstand betrug etwa eineinhalb Meter ... Wenn wir dieses Licht sahen, sagten wir manchmal, wir sähen Unsere Liebe Frau kommen; wir konnten Unsere Liebe Frau erst vom Licht unterscheiden, wenn sie schon über der Steineiche war."* (Schwester Lucia)

Die Kinder waren zunächst überrascht und geblendet von dem hellen Licht, aber sie hatten keine Angst, denn die Erscheinung beruhigte sie: *„Habt keine Angst! Ich will euch nichts Böses!"* Auf die Frage Lucias, woher sie komme, antwortete sie lächelnd: *„Ich komme vom Himmel."* Erst später, im Oktober, wollte sie den Kindern zu erkennen geben, wer sie ist.

Wie bei allen Erscheinungen übernahm Lucia die Rolle der Sprecherin und bat die Dame, ihre Wünsche zu nennen: *„Ich möchte euch bitten, dass ihr die nächsten fünf Monate wie heute am jeweils 13. des Monats um die Mittagszeit hierher kommt. Dann werde ich euch sagen, wer ich bin und was ich von euch möchte."*

Von zwei kürzlich verstorbenen Mädchen, nach denen Lucia fragte, erfuhren sie, dass eine bereits im Himmel sei, während die andere noch warten müsse. Lucia fragte nach, ob sie und ihre beiden Gefährten auch in den Himmel kämen, was die Dame bejahte; doch Francisco müsste noch viele Rosenkränze beten. Lächelnd fuhr die Dame fort: *„Wollt ihr euch Gott schenken, um alle Leiden zu ertragen, die er euch schicken wird, zur Sühne für die Sünden, durch die er belei-*

digt wird und als Bitte für die Bekehrung der Sünder?“ Als Lucia sofort mit *„Ja“* antwortete, nickte die Dame ihnen zu und versicherte: *„Ihr werdet viel leiden müssen, aber die Gnade Gottes wird immer mit euch sein. Betet täglich den Rosenkranz, damit der Krieg zu Ende geht und Friede werde in der Welt.“*

Dann öffnete sie die Hände und *„übermittelte uns ein so starkes Licht, wie ein Widerschein, der von ihren Händen ausging; es drang uns in die Brust und bis in die tiefste Tiefe der Seele und so ließ sie uns selbst in Gott schauen, der dieses Licht war, viel klarer, als wir uns im besten Spiegel sehen können.“* (Schwester Lucia)

Bevor sich die Erscheinung nach Osten langsam schwebend entfernte, bat sie noch um das tägliche Rosenkranzgebet für den Frieden in der Welt und das Ende des Krieges.

Kaum länger als zehn Minuten hatte die Begegnung gedauert. Fasziniert fielen die Kinder auf die Knie und sprachen das Gebet zur heiligsten Dreifaltigkeit, das sie der Engel gelehrt hatte. Wie versprochen, wollten sie den Bitten der Erscheinung entsprechen in Gebet und Sühne und wie gewünscht, die nächsten Monate an jedem 13. zur Cova da Iria kommen. Sie spürten, dass sie der Gottesmutter begegnet waren. Niemandem wollten sie etwas von den Vorkommnissen erzählen. Dennoch konnte Jacinta, die jüngste, nicht schweigen, sie erzählte ihrer Mutter von den Begegnungen mit dem Engel und der *„Dame“*. So wusste schon bald das ganze Dorf, was den drei Kindern widerfahren war. Lucias Mutter versuchte mit harten Worten bis hin zu Schlägen, ihre Tochter zum Widerruf zu bewegen. Lucia bestand auf ihrer Aussage, sie konnte nichts anderes sagen, als was geschehen war – auch nicht, als sie der Ortspfarrer Manuel Marques Ferreira der Lüge bezichtigte.

Mittwoch, der 13. Juni 1917
(2. Erscheinung in der Cova da Iria)

Der 13. Juni war der Festtag des hl. Antonius, der in Portugal mit fröhlichen Festen und Tanz gefeiert wird. Die Kinder liebten diesen Tag, dennoch wollten sie nach dem Festgottesdienst wie versprochen zur Cova da Iria gehen. Obwohl die meisten Dorfbewohner über die Erzählungen der Kinder spotteten und ihnen nicht glaubten, begleiteten an die fünfzig Personen die Kinder zur Cova da Iria. Um die Mittagszeit beteten die Kinder mit den Anwesenden den Rosenkranz, als die Kinder vom Osten her wiederum das gleißende Licht sahen, das langsam näher kam. Als es die Steineiche erreicht hatte, erkannten sie die schöne Dame. Die Zuschauer konnten weder die Erscheinung sehen noch hören. Sie nahmen eine Wolke wahr, die über der Steineiche stehen blieb und merkten, wie die Zweige des Baumes sanft nach unten gedrückt wurden. Dazu hörten sie ein geheimnisvolles Murmeln, begleitet von einer Art Donner als sich die Wolke wieder entfernte.

„Ich möchte, dass ihr am 13. der nächsten Monate hierher kommt, täglich den Rosenkranz betet und lesen lernt,“ bat die Dame. *„Später werde ich euch sagen, was ich wünsche.“* Zur Schule gehen, Lesen und Schreiben lernen, war für Dorfkinder wie Lucia und ihre beiden Freunde eher ungewöhnlich. Dennoch nahmen die Kinder den Wunsch ernst und trugen ihn ihren Eltern vor.

An Lucia gerichtet fuhr die Dame fort: *„Francisco und Jacinta werde ich bald holen. Du aber bleibst noch einige Zeit hier. Jesus möchte sich deiner bedienen, damit die Menschen mich erkennen und lieben. Er möchte auf Erden die Verehrung meines unbefleckten Herzens be-*

gründen. Wer das tut, dem verspreche ich das Heil; und diese Seelen werden von Gott geliebt wie Blumen, die ich als Schmuck vor seinen Thron stelle."

Beklommen fragte Lucia nach, ob sie dann allein zurückbleiben müsste. *„,Nein, du leidest viel, aber verliere nicht den Mut! Ich lasse dich nie allein. Mein unbeflecktes Herz wird deine Zuflucht sein und der Weg, der dich zu Gott führt.' Die Kinder spürten, wie sie in das strahlende Licht eintauchten, das von der Erscheinung ausströmte, und sie zeigte den Kindern in ihrer geöffneten rechten Hand ein von Dornen umwundenes und durchbohrtes Herz. Wir verstanden, dass dies das unbefleckte Herz Mariens war, verletzt durch die Sünden der Menschheit."* (Schwester Lucia). Instinktiv erkannten die Kinder das Herz als Symbol der Liebe, der stärksten Kraft im Menschen.

Zuhause bezichtigte die Mutter Lucia erneut der Lüge und schickte sie zum Pfarrer, der die Wahrheit herausfinden sollte. Francisco und Jacinta sahen Lucias Angst und begleiteten sie. Selbst unter starkem Druck beharrte Lucia auf der Wahrheit ihrer Aussagen, woraufhin der Priester behauptete, dass die Erscheinung nicht vom Himmel komme, sondern ein Trugbild des Teufels sei: *„... der Satan selber gibt sich das Aussehen eines Lichtengels"* (2 Kor 11,10). *„Wie weh mir diese Worte taten, weiß nur der Herr; denn nur er kennt unser Inneres. Ich fing an zu zweifeln, ob diese Erscheinungen nicht vom Teufel seien, der mich auf diese Weise zu verderben suchte. Und da ich gehört hatte, dass der Teufel immer Unfrieden und Unordnung bringt, dachte ich daran, dass ich wirklich in unserem Haus keine Ruhe und Freude mehr hatte, seit ich diese Dinge gesehen hatte."* (Schwester Lucia)

Jacinta versuchte, ihre Cousine zu trösten und versicherte ihr, dass eine solche Schönheit nur vom Himmel kommen könne. Die Zweifel waren gesät, verunsichert zog sich Lucia von ihren beiden Gefährten zurück.

Die Zeit zwischen den Erscheinungen wurde von Tag zu Tag für die Kinder problematischer, insbesondere für Lucia: ihre Familie stempelte sie als Lügnerin ab, und die Zweifel nach dem Verhör durch den Pfarrer nagten an ihr. Dazu belasteten Lucia die finanziellen Einbußen, die ihre Familie zu ertragen hatte. Immer mehr Menschen – Neugierige, Wundersüchtige und Gläubige – kamen täglich zur Cova da Iria, die Lucias Eltern gehörte, und wollten die Kinder und den Erscheinungsort sehen. Lucias Mutter war wütend, dass die Weiden und Felder zertrampelt wurden, die Ernte war ruiniert, und sie waren gezwungen, einen Großteil der Schafe weit unter Wert zu verkaufen. Die Familie, für örtliche Verhältnisse bisher recht wohlhabend, verarmte allmählich. Die Ruhe im Dorf war vorbei, und die Bewohner waren geteilter Meinung darüber, ob die Kinder die Wahrheit sagten oder ihre Erzählungen nur ihrer lebhaften Fantasie entsprangen. Dann kam der 13. Juli:

Freitag, der 13. Juli 1917
(3. Erscheinung in der Cova da Iria)

Lucia, immer noch unsicher, wollte nicht zur Cova da Iria gehen. Aber etwas in ihr war stärker und Jacinta war hartnäckig. Also gingen die Kinder zusammen zur Mulde, wo sich schon mehr als 2.000 Menschen versammelt hatten. Als die strahlende Wolke erschien und Lucia die Dame sah, waren alle Zweifel überwunden. Diese Erscheinung sollte die bedeutendste und inhaltsreichste werden und nachhaltig die Kinder prägen; ihre Kindheit war quasi beendet, sie wurden ernster und ihr weiteres Leben noch mehr bestimmt von Buße und Gebet.

Erneut bat die Dame um das tägliche Rosenkranzgebet für den Frieden in der Welt und das Ende des Krieges. Sie versprach, im Oktober zu sagen, wer sie ist und ein Wunder zu wirken, damit die Menschen ihren Worten glaubten. Daraufhin öffnete sie ihre Hände und die Kinder sahen, was später als erstes Geheimnis von Fátima bekannt wurde, die Vision der Hölle: *„Wir sahen gleichsam ein Feuermeer und eingetaucht in dieses Feuer die Teufel und Seelen, als ob sie durchscheinend und schwarz oder bronzefarbig glühende Kohlen in menschlicher Gestalt seien, die in diesem Feuer schwammen, empor geschleudert von den Flammen, die unter Wolken von Rauch aus ihnen emporschlugen; sie fielen nach allen Seiten wie Funken bei gewaltigen Bränden, ohne Schwere und Gleichgewicht, unter Schreien und Heulen vor Schmerz und Verzweiflung, das vor Schrecken erbeben und erstarren ließ. Die Teufel unterschieden sich durch die schreckliche und scheußliche Gestalt widerlicher, unbekannter Tiere; sie waren aber durchscheinend wie schwarze, glühende Kohle."* (Schwester Lucia)

Die Schilderung Lucias erinnert an das biblische Bild der Hölle als einem Ort brennenden Feuers, wo *„Heulen und Zähneknirschen"* Zeichen des Schmerzes sind (vgl. Mt 8,12 u.a.). Verstört schauten die Kinder in das traurige Gesicht der Dame, die tröstend zu ihnen sprach: *„Ihr habt die Hölle gesehen, wohin die Seelen der armen Sünder kommen. Um sie zu retten, will Gott die Andacht zu meinem unbefleckten Herzen in der Welt einführen. Wenn man tut, was ich sage, werden viele gerettet werden, es wird Friede sein und der Krieg zu Ende gehen."* Daraufhin offenbarte die Dame den Kindern den zweiten Teil des Geheimnisses von Fátima: den

Die Beschreibung der Teufel in der Höllenversion stimmt mit den geheimnisvollen Darstellungen des niederländischen Malers Hieronymus Bosch auffallend überein.

drohenden Zweiten Weltkrieg und die Bekehrung Russlands: *„Wenn man jedoch nicht aufhört, Gott zu beleidigen, wird unter dem Pontifikat von Pius XI. ein noch schlimmerer Krieg ausbrechen. Wenn ihr in einer Nacht ein unbekanntes Licht seht, wisst ihr, dass dies ein Zeichen von Gott ist und nun die Welt für ihr Vorgehen mit Krieg, Hungersnot, Verfolgung der Kirche und des Heiligen Vaters gestraft wird. Um das zu verhindern, bitte ich, Russland meinem unbefleckten Herzen zu weihen und an den ersten Samstagen im Monat die Sühnekommunion zu empfangen. Wenn meine Bitte erhört wird, wird Russland sich bekehren, und es wird Friede sein. Wenn nicht, wird Russland seine Irrlehren über die Welt verbreiten, Kriege und Verfolgung der Kirche werden geschehen. Die Guten werden gemartert und der Heilige Vater wird viel leiden, verschiedene Nationen werden ausgelöscht. Am Ende wird mein unbeflecktes Herz triumphieren. Der Heilige Vater wird mir Russland weihen, das sich bekehren wird, und die Welt wird eine Friedenszeit erleben. Portugal wird immer seinen Glauben bewahren.“*

Im Weiteren wurde den Kindern der dritte Teil des Geheimnisses geoffenbart, den Lucia erst Jahrzehnte später auf Drängen des Ortsbischofs aufschrieb (1942/43). Die beiden Mädchen bewahrten Stillschweigen und erzählten nur Francisco davon. Die Veröffentlichung und Deutung erfolgte erst unter dem Pontifikat von Johannes Paul II. am 26. Juni 2000.

Obwohl noch ganz gefangen von dem Gesehenen und Gehörten, erinnerte sich Lucia an die ihr anvertrauten Bitten einiger Kranker um Heilung, die sie dann vortrug. Die Dame nickte und forderte zur Sühne auf: *„Dazu sprecht: O Jesus, das tu ich aus Liebe zu dir, für die Bekehrung der Sünder und zur Wiedergutmachung für die Beleidigung des unbefleckten Herzens Mariens."* In Erinnerung an den täglichen Rosenkranz bat sie die Kinder, am Ende jedes Gesätzes hinzuzufügen: *„O mein Jesus, verzeihe uns unsere Sünden, bewahre uns vor dem Feuer der Hölle, führe alle Seelen in den Himmel, besonders jene, die deiner Barmherzigkeit am meisten bedürfen."* Alsdann verschwand die Dame.

Die Schwierigkeiten der Kinder wurden nicht weniger. Nach den Problemen in der Familie und dem Druck des Ortspfarrers waren die staatlichen Behörden auf die Kinder aufmerksam geworden. Die Zeitungen sprachen vom *„Narrenspiel in der Cova da Iria"* und unterstellten den Kindern Geltungssucht und ihren Familien finanzielle Interessen.

Der einflussreiche Kreisvorsteher von Vila Nova de Ourém, Artur Santos, ein Freimaurer und erbitterter Gegner der katholischen Kirche, stand unter Druck. Die Kunde von den Erscheinungen und ihre Auswirkung auf das Volk passten nicht in das Programm der Regierung, die Religion in Portugal zu vernichten.

Am Vormittag des 13. August hatten sich schon an die 18.000 Menschen in der Mulde der Cova da Iria bei der Steineiche versammelt, aber die Kinder kamen nicht. Um die Mittagszeit vernahmen die Anwesenden eine Art Blitz und Donnern und sahen eine weiße Wolke, die an die zehn Minuten über der Steineiche schwebte und dann verschwand.

Unter dem Vorwand, die Kinder zum Erscheinungsort zu begleiten, lockte Artur Santos die Kinder in seine Kutsche und ließ sie nach Vila Nova de Ourém entführen. Getrennt ließ er sie ins Gefängnis sperren und einzeln verhören. Zunächst machte er ihnen Versprechungen und bot ihnen Geld an. Als das nicht fruchtete, bedrohte er sie sogar mit dem Tod, falls sie nicht widerriefen und sich selbst der Lüge bezichtigten.

Die Kinder waren eingeschüchtert, sie hatten Angst, zumal nicht einmal ihre Eltern sie besuchen durften. Lucia konnte die beiden Kleinen trösten und schlug vor, ihre leidvolle Situation für die Sünder aufzuopfern. Mitgefangene und Wächter waren beeindruckt, dass sich die Drei nicht dem Druck der Behörden beugten, sondern bereit waren, für ihre Überzeugung zu leiden. Sie beteten so innig miteinander, dass sich einige Mitgefangene anschlossen. Traurig waren die Kinder in erster Linie, weil sie nicht wie versprochen zur Cova da Iria gehen konnten. Hoffentlich konnten sie wenigstens am 13. September dort sein!

Schließlich durften Lucia, Francisco und Jacinta am 15. August das Gefängnis wieder verlassen – alle Drohungen hatten nichts bewirkt. Die Art, wie die Kinder behandelt wurden, hatte bei vielen Missfallen erregt. So hatten die Behörden durch ihr Handeln genau das Gegenteil erreicht: Kaum einer zweifelte noch an dem, was die Kinder sagten, und überall in Portugal wurde über Fátima gesprochen. Trotzdem blieben die meisten Bewohner von Aljustrel ablehnend und skeptisch.

Sonntag, der 19. August 1917
(4. Erscheinung im Tal von Valinhos)

Einige Tage später trieben die Kinder ihre Schafherde zum Tal von Valinhos nahe bei Aljustrel. Es war schon spät am Nachmittag, als Lucia das strahlende Licht bemerkte, das eine Erscheinung ankündigte. Erneut sagte die Dame für den Oktober ein Wunder voraus und bat um das tägliche Gebet. Die Dringlichkeit ihrer Bitte unterstrich sie mit den Worten: *„Betet, betet viel! Und bringt Opfer für die Sünder, denn viele Seelen kommen in die Hölle, weil sich niemand für sie opfert und für sie betet.“*

Auf Lucias Frage, was mit dem Geld geschehen sollte, das die Menschen seit einiger Zeit spendeten, wünschte sich die Dame eine kleine Kapelle und zwei Tragegestelle für das Rosenkranzfest. Dann erinnerte sie die Kinder, am 13. September wieder zur Cova da Iria zu kommen.

Das Gebet der Kinder wurde immer intensiver, die Bitte der Dame nach Opfer und Gebet war der Mittelpunkt ihres Lebens. Stundenlang beteten sie, wie der Engel zum Boden geneigt, und sie suchten nach Opfern, beispielsweise im Verzicht auf Essen und Trinken, eine harte Buße im heißen portugiesischen Sommer. Sie banden sich einen alten Strick um, den sie Tag und Nacht trugen. In den ständigen Beleidigungen und Drohungen sahen sie ebenfalls eine Gelegenheit, Buße zu tun. Am 13. September bestätigte die Erscheinung: *„Gott ist mit euren Opfern zufrieden.*

Doch er will nicht, dass ihr mit dem Strick schlaft. Tragt ihn nur am Tag.“

Donnerstag, der 13. September 1917 (5. Erscheinung in der Cova da Iria)

Immer mehr Menschen zog es zur Cova da Iria, besonders an den angekündigten Erscheinungstagen; an die 25.000 waren am 13. September aus ganz Portugal gekommen, darunter viele Kranke, die um Fürsprache bei der Dame baten. Unter den Zuschauern waren auch Vertreter der Kirche, wie Monsignore João Wuaresma, der Generalvikar der Diözese. Wie alle anderen nahm er Phänomene wahr, die die Erscheinung ankündigten und begleiteten: einen Abfall der Temperaturen, das Verblassen der Sonne, eine Lichtkugel, eine weiße Wolke über der Steineiche und eine Art Blütenregen, der sich am Boden auflöste. Nicht einmal die Zweifler und Gegner konnten diese Begleiterscheinungen leugnen. Zahlreiche Journalisten und die Gegner der Kirche waren dennoch überzeugt, dass spätestens im Oktober, wenn das Wunder ausblieb, der *„Betrug von Fátima“* entlarvt und endgültig vorbei sein würde.

Die versammelte Menge betete bereits den Rosenkranz als die Kinder gegen Mittag eintrafen. Die Dame erneuerte ihre Bitte um das Gebet und betonte im Hinblick auf den nächsten Monat: *„Im Oktober wird auch unser Herr kommen, ebenso wie Unsere Liebe Frau von den Schmerzen und Unsere Liebe Frau vom Berg Karmel. Der hl. Josef wird mit dem Jesuskind erscheinen, um die Welt zu segnen.“*

Angesichts der vielen Bitten der Kranken erwiderte sie: *„Ja, ich werde einige heilen, und ich werde ein Wunder tun, damit alle glauben.“*

Donnerstag, der 13. Oktober 1917 (6. und letzte Erscheinung in der Cova da Iria)

Trotz der vielen, die den Kindern glaubten, und sie zur Cova da Iria begleiteten, blieb die direkte Umgebung weiterhin im Zweifel. Die meistgelesene antikirchlich eingestellte Zeitung Portugals *„O Século"* machte sich über die Wundersucht, die Einfalt und den Betrug von Fátima und seinen Bewohnern lustig. Die Ruhe im Dorf war durch die ständigen Besucher empfindlich gestört, die Priester versuchten weiterhin, die Kinder zum Widerruf zu bewegen und Lucias Mutter übte Druck auf ihre Tochter aus. Sie hatte Angst um ihr Kind, denn es wurde von verschiedenen Seiten gedroht, eine Bombe am Erscheinungsort zu zünden. Lucia jedoch hatte alle Zweifel überwunden und keine Angst mehr: Das versprochene Wunder würde eintreffen, davon waren die Kinder überzeugt. Was sie erlebt hatten, war stärker als alle Anfechtungen, Spöttereien und der Druck der Öffentlichkeit.

Der 13. Oktober war ein kalter und stürmischer Tag. Die ganze Nacht hindurch hatte es geregnet und der Tag schien nicht besser zu werden – im Gegenteil, Regen und Wind nahmen noch zu. Dennoch waren an die 70.000 Menschen aus ganz Portugal zur Steineiche in der Cova da Iria gekommen: ein bunt gemischtes Publikum, darunter Neugierige, Zweifler, Skeptiker, aber zu allererst Gläubige. Alle warteten gespannt auf das angekündigte Wunder. Schon lange bevor die Kinder eintrafen, hatte die Menge begonnen, den Rosenkranz zu beten. Völlig durchnässt harrten sie der Dinge.

Als Lucia, Francisco und Jacinta um die Mittagszeit die Mulde erreichten, regnete es immer noch in Strömen. Auf ihrem Weg waren sie wiederholt aufgehalten worden, weil ihnen Hilfesuchende ihre Bitten anvertrauten. Dann sahen sie wieder das gleißende Licht, heller als die Sonne, aus dem Osten näherkommen. Die Dame schien traurig zu sein: *„Ich möchte, dass hier mir zu Ehren eine Kapelle gebaut wird. Ich bin Unsere Liebe Frau vom Rosenkranz. Man soll weiterhin täglich den Rosenkranz beten. Dann geht der Krieg zu Ende und die Soldaten werden bald nach Hause zurückkehren."* Nach diesen Worten sind nicht nur die Kinder zum täglichen Gebet ermahnt, die Bitte richtet sich an alle: Nicht militärische Stärke, sondern das Gebet wird den Krieg beenden (ein Jahr später endete tatsächlich der Erste Weltkrieg).

Lucia trug der Dame die ihr anvertrauten Bitten vor, und die Antwort lautete wie schon bei den früheren Erscheinungen: *„Einige werden geheilt. Alle jedoch müssen sich bessern und die Vergebung ihrer Sünden erbitten."* Und bekümmert fuhr sie fort: *„Hört auf, Gott zu beleidigen, er ist schon so sehr beleidigt worden."* Sodann richtete sie den Blick auf die Kinder, öffnete ihre Hände und die Strahlen, die von ihnen ausgingen, waren heller als die Sonne. Dann verschwand sie ein letztes Mal in Richtung Osten.

Während die Kinder noch der Erscheinung der Gottesmutter nachschauten, wurden ihnen weitere Visionen zuteil: *„Nachdem Unsere Liebe Frau in der unendlichen Ferne des Firmaments verschwunden war, sahen wir zur Seite der Sonne den hl. Josef mit dem Jesuskind und Unsere Liebe Frau in Weiß gekleidet mit einem blauen Mantel. Der hl. Josef mit dem Jesuskind schien die Welt mit einer Handbewegung in Kreuzesform zu segnen. Kurz darauf verschwand die Erscheinung."* (Schwester Lucia)

Dann erschien Jesus Christus ganz in Rot gekleidet und segnete die Welt wie schon vorher der hl.

Josef. Es folgte die Gottesmutter in Gestalt Unserer Lieben Frau von den Schmerzen und als Unsere Liebe Frau vom Berg Karmel.

Gleichzeitig nahmen die Zuschauer das große Wunder wahr, das die Gottesmutter angekündigt hatte. Bereits im August hatte sich die Sonne silbrig verfärbt und es war merklich kühler geworden. An diesem Tag übertraf das Ereignis alle Vorstellungen: Der Regen hörte auf, die Wolken teilten sich und die Sonne strahlte als blass-silbrige Scheibe und gegen alle kosmischen Gesetze *„tanzte"* die Sonne – ein Ereignis, das von keiner Sternwarte registriert wurde, jedoch nicht nur Anwesende konnten das Phänomen wahrnehmen. Eine natürliche Erklärung gab es nicht, dafür Zeugen, die vom angekündigten Wunder nichts gewusst hatten und noch in 60 Kilometer Entfernung die Sonnenphänomene beobachteten. Ungläubige und Skeptiker, Männer und Frauen jeden Alters hatten das Phänomen wahrgenommen und bestätigten das *„Wunder"*. Am nächsten Tag berichteten alle Zeitungen über das *„Sonnenwunder"*, wie es allgemein genannt wurde. Avelino de Almeida, ein anwesender Reporter von *„O Século"*, der vorher von *„Volksverdummung"* gesprochen hatte, veröffentlichte Photos und berichtete in dem Artikel *„O Milagre de Fatima"* nur: *„Ich sah ... ich sah ... ich sah ... (o que vi ...) Wunder, wie die Leute riefen? Natürliches Phänomen, wie die Experten sagen? Im Augenblick kümmert mich das nicht, ich sage nur, was ich gesehen habe ... alles Übrige ist Angelegenheit von Wissenschaft und Kirche ... Die Sonne wird sichtbar zunächst wie eine silberfarbige Scheibe, die nicht brennt und nicht blendet. Dann beginnt sie sich zu drehen und in allen Regenbogenfarben zu glänzen, so dass Landschaft und Menschen einmal grün, dann rot, violett oder gelb erschienen. Nach weni-*

gen Minuten hört das Schauspiel auf, gerade um den Menschen eine Besinnungspause zu geben, beginnt dann aber von neuem und schließlich ein drittes Mal. Zuletzt verwandelt sich die Sonne in einen feuerroten Ball, beginnt zu tanzen und sich im Zick-Zack der Erde entgegenzustürzen. Ungeachtet des in Morast verwandelten Bodens fallen alle auf die Knie und beginnen zu schreien, zu beten und schließlich auszurufen: ‚Milagre, milagre' – ein Wunder, ein Wunder!" Lucias Vater, der während der ganzen Zeit neben seiner Tochter stand, berichtete: *„Alle hatten die Augen zum Himmel erhoben, als die Sonne still stand und danach zu tanzen begann. Sie blieb stehen, um nochmals zu tanzen, bis sie sich ganz vom Himmel zu lösen und auf uns hernieder zu fallen schien wie ein riesiges Feuerrad. Es war ein schrecklicher Augenblick. Viele schrien: ‚O weh, wir sterben alle! Unsere Liebe Frau, hilf uns!' Es gab Leute, die laut ihre Sünden bekannten. Schließlich blieb die Sonne auf ihrem gewohnten Platz stehen."*

Andere sprachen von einem Feuerrad, das sich im Zick-Zack über den Himmel bewegte und auf die Erde zu stürzen drohte; regenbogenfarbige Strahlen fielen auf die Erde und ließ Menschen und Umgebung in allen Farben aufleuchten. Dann hielt die Sonne an und der Tanz wiederholte sich. Dabei konnten die Beobachter direkt in die Sonne schauen, ohne von ihr geblendet zu werden. Als das Phänomen nach ungefähr zehn Minuten endete, waren die durchnässte Kleidung und der aufgeweichte Boden vollständig trocken. Die meisten waren verängstigt und wie erstarrt; nach und nach fielen sie auf die Knie und begannen zu beten und Gott um Verzeihung zu bitten. Viele bekehrten sich und fühlten sich körperlich und seelisch geheilt: Das Wunder war eingetroffen und bestätigte, was die Kinder in den letzten Monaten erzählt hatten.

Noch am selben Nachmittag und die Tage danach wurden die Kinder mehrfach von staatlichen und kirchlichen Autoritäten verhört, eine große Belastung, insbesondere weil sie unter Druck gesetzt wurden, die *„Geheimnisse“* zu verraten. Die Kinder hielten stand und wollten *„lieber sterben“* als ihr Versprechen gegenüber der Gottesmutter preiszugeben (erst Jahrzehnte später schrieb Lucia die Geheimnisse im Gehorsam gegenüber dem Wunsch ihres Bischofs auf). *„Ich vernahm bei den Verhören eine innere Stimme, die mir die Antworten eingab, welche, ohne dabei gegen die Wahrheit zu verstoßen, das nicht offenbarte, was ich damals verschweigen musste.“* (Schwester Lucia)

Bischof José Alves Correia da Silva bekennt Jahre später: *„Das Sonnenwunder vom 13. Oktober, über das die Zeitungen jener Zeit berichteten, war etwas Überwältigendes und beeindruckte alle tief, die das Glück hatten, Zeuge zu sein. Die Kinder hatten Tag und Stunde vorausgesagt. Die Kunde davon verbreitete sich wie ein Lauffeuer durch ganz Portugal, und trotz des schlechten Wetters versammelten sich Tausende und Abertausende an jenem Ort. Zur Stunde der letzten Erscheinung durften sie Zeugen der Huldigung der Sonne an die Königin des Himmels und der Erde sein, die heller erstrahlt als der Himmelskörper selbst in seinem Zenit aus Licht.“*

Jahre später erhob Papst Pius XII. 1950 die Aufnahme Mariens in den Himmel zum Dogma. Kurz darauf nahm er im Oktober und November in den Vatikanischen Gärten mehrfach ein ähnliches Sonnenwunder wahr. Er sah dies als Bestätigung des Dogmas.

Bei der dritten Erscheinung am 13. Juli wurden den Kindern drei Geheimnisse mitgeteilt, die sie niemandem mitteilen durften. Erst im Jahr 1927 erhielt Lucia (Francisco und Jacinta waren bereits gestorben) in einer weiteren Erscheinung die Erlaubnis, die ersten beiden Teile der Öffentlichkeit mitzuteilen. Auf Anraten ihres Beichtvaters verbrannte sie die erste Niederschrift und verfasste erst 1941 auf Drängen des Bischofs eine erneute: *„Ich beginne also meine neue Aufgabe, und ich erfülle den Befehl eurer Exzellenz ... Ich werde Ihnen alles sagen, ausgenommen einen Teil des Geheimnisses, den mir jetzt zu offenbaren nicht erlaubt ist. Bewusst werde ich nichts auslassen.“*

Den dritten Teil schrieb Lucia erst Anfang 1944 auf, nachdem sie schwer erkrankt war und der Bischof fürchtete, dass sie das Geheimnis mit ins Grab nähme. Lucia war bereit: *„Ich werde etwas über das Geheimnis sagen ... Ich glaube, ich kann es sagen, da ich doch die Erlaubnis vom Himmel dazu habe. Die Vertreter Gottes auf Erden haben mich verschiedentlich und in mehreren Briefen dazu ermächtigt.“* Der Bischof versiegelte den Umschlag mit den Aufzeichnungen und leitete ihn 1957 an den Vatikan weiter. Papst Johannes XXIII. las ihn als Erster zusammen mit seinem Beichtvater am 17. August 1959; der Papst beschloss, über den Inhalt, den er eine *„große göttliche Prüfung“* nannte, nichts preiszugeben. Die Veröffentlichung erfolgte erst am 26. Juni 2000 durch Papst Johannes Paul II.

Viel wurde bis dahin diskutiert, über apokalyptische Katastrophen spekuliert und darüber geriet nicht selten der eigentliche Appell von Fatima in den Hintergrund: die Aufforderung zur christlichen Lebensführung in Umkehr und täglichem (Rosenkranz-) Gebet.

Zur Schilderung des Geheimnisses, das letztlich mit menschlichen Worten gar nicht beschrieben werden kann, greifen die Kinder zurück auf Gesten, Bilder und Worte, die sie vom Religionsunterricht und ihrer häuslichen Frömmigkeit her kannten. Sie beschreiben etwas, was letztlich nur in philosophischen Kategorien ausgedrückt und im Licht des Glaubens gedeutet werden kann.

In den ersten beiden Teilen geht es um die Dringlichkeit von Umkehr und Buße zur Rettung der Menschen, gemäß dem biblischen Ruf: *„Kehrt um und glaubt an das Evangelium“* (Mk 1,15), denn *„ihr werdet das Ziel eures Glaubens erreichen, das Heil der Seelen“* (1 Petr 1,9).

Der 1. Teil: Die Vision der Hölle

Die Kinder erlebten in einer Vision die Hölle mit all ihren Schrecken: ein großes Feuermeer, die *„Mächte der Hölle“* (Mt 16,19) und die Qualen der Seelen. *„Heutzutage sprechen die Leute nur vom Himmel oder der Hölle. Einige Priester predigen, die Hölle existiere nur in der Vorstellung und der Teufel sei eine durch die Erwachsenen erfundene Sache. Die Hölle ist eine Realität. Es handelt sich um ein übernatürliches, nicht ein physisches Feuer, das nicht mit einem brennenden Feuer von Holz oder Kohle verglichen werden kann. Es muss weiterhin über die Hölle gepredigt werden, denn auch unser Herr hat selbst von der Hölle gesprochen und sie ist in der Heiligen Schrift erwähnt. Gott schenkte dem Menschen die Freiheit zu wählen, und Gott respektiert diese menschliche Freiheit.“* (Schwester Lucia)

Hölle, so wie sie die Kinder sehen, bedeutet, von Gott getrennt zu sein als Folge der Sünde und bewussten Abkehr von Gott. Konkret führt der Weg zur Hölle durch Krieg, Hunger, Verfolgung und Vernichtung der Gläubigen bis zur Ausrottung ganzer Völker, vorbereitet in Ideologien wie Kommunismus und Nationalsozialismus: *„Höllenqualen“*, die die ganze Welt unterjochen und vor Gott nicht ungesühnt bleiben: eine gottlos gewordene Welt, auf die die Menschheit zusteuert.

So erschrocken die drei Kinder über diese Vision waren, erinnerten sie sich in diesem Zusammenhang immer auch an die Zusage der Gottesmutter: *„Am Ende wird mein unbeflecktes Herz triumphieren.“* Die Hölle ist nicht unausweichliches Schicksal, sondern es gibt eine Alternative in der Aufgabe, *„die Seelen zu retten durch Opfer und Gebete füreinander“* (Kardinal Joseph Ratzinger). Somit unterstreicht die Höllenvision eindringlich die Mahnung zu Umkehr und Gebet, Kernaussage jeder Erscheinung. Fátima und seine Botschaft sind ein Widerstand gegen die Banalität des Bösen und zeigen, dass Gottes Gnade immer stärker ist als die Sünde.

Der 2. Teil: Die Ankündigung des 2. Weltkriegs und die Bekehrung Russlands

Wie im 1. Teil geht es auch im zweiten um die Abwendung von Unheil und die Rettung der Menschen. Die Welt ist in Gefahr, sich selbst zu zerstören. Die angesprochenen Ereignisse liegen zwar in der Zukunft, jedoch nicht als unabwendbares Schicksal. Die Visionen von Fátima sind Privatoffenbarungen, die Hilfen zum besseren Verständnis des Glaubens geben und dazu beitragen, das Evangelium in seiner Aktualität zu deuten. So greifen die Visionen von Fátima konkret die Gegenwart auf und zeigen Wege der Rettung aus den drohenden Kommunismus und seinen Untergang. *„Das Wirken Gottes, des Herrn der Geschichte und die Mitverantwortung des Menschen in seiner dramatischen und fruchtbaren Freiheit sind die beiden Stützen, auf denen die Geschichte der Menschheit gebaut ist. Die Madonna, die in Fátima erschienen ist, ruft uns diese vergessenen Werte ins Gedächtnis. Sie erinnert uns, dass die Zukunft des Menschen in Gott liegt. Dabei kommt uns eine aktive und vertrauensvolle Rolle zu."* (Erzbischof Tarcisio Bertone).

Wenn die Menschheit nicht zur Besinnung kommt, wird ein weiterer Krieg die Welt erschüttern unter dem Pontifikat Pius XI. (1922–1939), dann, wenn ein großes Licht die Nacht erhellt. In der Nacht vom 25. auf den 26. Januar 1938 war über weiten Teilen Europas ein Nordlicht zu sehen, das Lucia mit dem *„unbekannten Licht"* der Marienbotschaft identifizierte. Für sie war es der Hinweis auf den neuen Krieg, der mit dem Einmarsch der Deutschen 1938 in Österreich begann, also noch unter dem Pontifikat von Pius XI. Von Albrecht Speer, dem Architekten Adolf Hitlers ist überliefert, dass er beim Anblick eines ungewöhnlichen Nordlichts im August 1939 darauf hingewiesen habe, dass Blut und Gewalt nicht mehr abzuwenden sind.

Konkret wurde in der Vision Russland angesprochen, das seine Irrlehren über die ganze Welt auszubreiten droht. Die Kinder wussten damals nicht, wer oder was *„Russia"* (Russland) war. Sie hielten es für den Namen einer bösen Frau. *„Russland"* bezieht sich nicht allein auf den Staat, der wenige Tage nach der letzten Erscheinung 1917 in der Oktoberrevolution von kommunistischen Machthabern übernommen wurde, was Verfolgung und Zerstörung von Kirche und Christentum für fast 80 Jahre über die Menschen brachte. Russland und sein Bolschewismus stehen als Synonym für Atheismus und glaubensfeindliche Regierungen, die Terror, Verfolgung, Unterdrückung, Völkermord und den 2. Weltkrieg mit sich brachten, fortgesetzt im kalten Krieg mit einem gigantischen Wettrüsten bis hin zur atomaren Bedrohung. Dagegen steht die Umkehrforderung Fátimas: *„Die eindringliche Aufforderung Marias zur Buße ist nichts anderes als der Ausdruck ihrer mütterlichen Sorge um das Los der Menschenfamilie, die der Umkehr und Verzeihung bedarf."* (Papst Johannes Paul II. zum Welttag der Kranken 1997)

Die Bedrohungen sind nicht unausweichlich, wenn der Mensch Verantwortung übernimmt und sein Leben gemäß dem Willen Gottes ausrichtet. *„Wenn nicht, wird es [Russland] seine Irrlehren über die Welt verbreiten, wird Kriege und Kirchenverfolgungen herauf beschwören; die Guten werden gemartert werden, der Heilige Vater wird viel zu leiden haben, verschiedene Nationen werden vernichtet werden."* Ausweg aus der Straße zum Verderben sind das Gebet und die Sühnesamstage und die Weihe an das unbefleckte Herz Mariens: das Herz als Symbol für die Mitte der menschlichen Existenz, wo Verstand, Wille und Emotionen zusammentreffen, Synonym für Liebe: *„Wenn man auf meine Wünsche hört, wird Russland sich bekehren und es wird Friede sein ... der Heilige Vater wird mir Russland weihen, das sich bekehren wird, und der Welt wird eine Zeit des Friedens geschenkt."*

Mehrfach haben Bischöfe und Päpste seither die Weihe von Ländern und Diözesen auf der ganzen Welt an das unbefleckte Herz Mariens vollzogen. Das kommunistische Russland bzw. die Sowjetunion sind seit

1989 Vergangenheit, was aber nicht bedeutet, dass auch die Mahnung von Fátima der Vergangenheit angehört. Den friedlichen Zusammenbruch des kommunistischen Ostens führen viele auf das Eingreifen der Gottesmutter zurück. *„Die Ereignisse von 1989 führten sowohl in der Sowjetunion als auch in zahlreichen östlichen Ländern zum Fall des kommunistischen Regimes, das den Atheismus verfochten hatte ... Dennoch haben in anderen Teilen der Welt die Angriffe gegen die Kirche und die Christen mit der Last des Leidens, die sie mit sich bringen, leider nicht aufgehört."* (Kardinal Angelo Sodano)

Milliarden von Menschen leiden noch immer in China, Nordkorea und anderen Teilen der Welt unter dem Joch des atheistischen Staatskommunismus, und es bleibt die Frage, inwieweit sich Russland wirklich bekehrt hat. Weiterhin gilt die Mahnung von Pius XI., die er in einer Radioansprache an die Welt sandte: *„Tausende von modernen Irrtümern sind durch ihr Scheitern selbst bestraft worden ... Andere Irrtümer müssen noch verschwinden. Götzenbilder müssen stürzen und zügelloser Ehrgeiz muss gebrochen werden ... je mehr, desto kühner man sich mit Gott messen wollte ..."* Der Kommunismus hat an Kraft verloren, indessen sind neue Gefahren im Verzug: unkritische Wissenschaftsgläubigkeit, Konsumzwang, Gier und Materialismus, Atheismus, immer gigantischere Massenvernichtungswaffen, die Bedrohung durch den weltweiten Terrorismus – vom wirklichen Frieden ist die Welt noch weit entfernt. Der Ruf von Fátima nach Umkehr und Neubesinnung hat an Dringlichkeit nichts verloren. *„Die Ereignisse, die im Jahre 1989 folgten, führten sowohl in der Sowjetunion als auch in zahlreichen östlichen Ländern zum Fall des kommunistischen Regimes, das den Atheismus verfochten hatte. Dennoch haben in* *anderen Teilen der Welt die Angriffe gegen die Kirche und die Christen mit der Last der Leiden, die sie mit sich bringen, leider nicht aufgehört.“* (Kardinal Angelo Sodano am 13. Mai 2000)

Der 3. Teil: Verfolgung und Leiden der Kirche

Viel wurde spekuliert über das *„bestgehütete Geheimnis“* der Kirche. Über 80 Jahre wartete die Kirchenleitung, bis Papst Johannes Paul II. es am 26. Juni vollständig veröffentlichte, kommentiert vom damaligen Kardinal Joseph Ratzinger (Papst Benedikt XVI.) und Erzbischof (der spätere Kardinal) Tarcisio Bertone als Verantwortliche der Glaubenskongregation. Am 13. Mai 2000 hatte Kardinalstaatssekretär Angelo Sodano nach der Seligsprechung von Francisco und Jacinta in Fátima die Veröffentlichung angekündigt: *„Dieser Text stellt eine prophetische Schau dar, die man mit denen der Heiligen Schrift vergleichen kann. Sie beschreiben nicht im fotographischen Sinn die Einzelheiten der zukünftigen Ereignisse, sondern fassen auf einem gemeinsamen Hintergrund Tatsachen verdichtend zusammen, die sich zeitlich in einer nicht präzisierten Abfolge und Dauer erstrecken ... Die Vision von Fátima betrifft besonders den Kampf der atheistischen Systeme gegen die Kirche und die Christen und beschreibt das schreckliche Leiden der Glaubenszeugen des letzten Jahrhunderts des zweiten Jahrtausends. Es handelt sich um einen endlosen Kreuzweg, der von den Päpsten des 20. Jahrhunderts angeführt wird.“*

Lucia schrieb als einzige Überlebende 1944 die Vision nieder *„im Gehorsam gegenüber euch, meinem Gott, der es mir aufträgt, durch seine Exzellenz, dem hochwürdigsten Herrn Bischof von Leiria, und durch eure und meine Allerheiligste Mutter.“* Mehrfach betonte Lucia, dass sie nur aufgeschrieben hatte, was ihr widerfahren war, die Veröffentlichung und Auslegung stünde allein der Kirche zu. Zu Beginn des 3. Jahrtausends beschloss Johannes Paul II. die Veröffentlichung, zum Neuanfang nach einem Jahrhundert, das von Krieg, Gewalt und Verfolgung gekennzeichnet war. Die Veröffentlichung *„beschließt einen Zeitabschnitt, der davon gezeichnet ist, dass sich menschliches Wollen auf tragische Weise mit Gewalt und Bosheit verbinden kann. Gleichzeitig ist diese Zeit aber auch durchdrungen von der barmherzigen Liebe Gottes und von der Sorge, mit der die Mutter Jesu und die Mutter der Kirche wacht ... Die Madonna, die in Fátima erschienen ist, ruft uns, dass die Zukunft des Menschen in Gott liegt. Dabei kommt uns eine aktive und verantwortungsvolle Rolle zu."* (Erzbischof Tarcisio Bertone)

Der Wortlaut des 3. Teils ist hier nach Lucias Aufzeichnungen entsprechend der vatikanischen Dokumentation wiedergegeben: *„Nach den zwei Teilen, die ich schon dargestellt habe, haben wir links von Unserer Lieben Frau etwas oberhalb einen Engel gesehen, der ein Feuerschwert in der linken Hand hielt; es sprühte Funken, und Flammen gingen von ihm aus, als sollten sie die Welt entzünden; doch die Flammen verlöschten, als sie mit dem Glanz in Berührung kamen, den Unsere Liebe Frau von ihrer rechten Hand auf ihn ausströmte: den Engel, der mit der rechten Hand auf die Erde zeigte und mit lauter Stimme rief: ‚Buße! Buße! Buße!' Und wir sahen in einem ungeheuren Licht, das Gott ist ‚etwas, das aussieht wie Personen in einem Spiegel; wenn sie davor vorübergehen', einen in Weiß gekleideten Bischof; wir hatten die Ahnung, dass es der Heilige Vater war. Verschiedene andere Bischöfe, Priester, Ordensmänner und Ordensfrauen, die einen steilen Berg hinaufsteigen, auf dessen Gipfel sich ein großes Kreuz befand aus rohen*

Stämmen wie aus Korkeiche mit Rinde. Bevor er dort ankam, ging der Heilige Vater durch eine große Stadt, die halb zerstört war und halb zitternd mit wankendem Schritt, von Schmerz und Sorge gedrückt, betete er für die Seelen der Leichen, denen er auf seinem Weg begegnete. Am Berg angekommen, kniete er zu Füßen des großen Kreuzes nieder. Da wurde er von einer Gruppe von Soldaten getötet, die mit Feuerwaffen und Pfeilen auf ihn schossen. Genauso starben nach und nach die Bischöfe, Priester, Ordensleute und verschiedene weltliche Personen, Männer und Frauen unterschiedlicher Klassen und Positionen. Unter den beiden Armen des Kreuzes waren zwei Engel, ein jeder hatte eine Kanne aus Kristall in der Hand. Darin sammelten sie das Blut der Märtyrer auf und tränkten damit die Seelen, die sich Gott näherten.“ (Schwester Lucia, aufgeschrieben in Tuy am 3. Januar 1944)

Johannes.Paul II.: der weiß gekleidete Bischof.

Die symbolischen Bilder des 3. Teils

Insbesondere der dritte Teil des Geheimnisses von Fátima gilt als prophetische Schau, die mit eindringlichen Bildern zu Buße und Umkehr aufruft. Darin sind *„Geschehnisse enthalten, die nunmehr der Vergangenheit anzugehören scheinen ... Wir sehen im Zeitraffer die Kirche der Märtyrer des nun abgelaufenen Jahrhunderts in einer schwer deutbaren Symbolsprache zusammengefasst.“* (Kardinal Joseph Ratzinger)

Was die Kinder in der Vision sahen, war kein Phantasieprodukt, sondern eine innere Schau, die sie mit ihren subjektiven Möglichkeiten versprachlichten.

Der weiß gekleidete Bischof

Hauptperson der Vision ist der *„weiß gekleidete Bischof“*, von dem die Kinder ahnten, dass es sich um den Papst handelte: *„Wir wussten den Namen des Papstes nicht; die Dame hat uns den Namen nicht gesagt; wir wussten nicht, ob es Benedikt XV. war oder Pius XII. oder Paul VI. oder Johannes Paul II., aber es war der Papst, der litt und auch uns leiden ließ.“* (Schwester Lucia)

Am 13. Mai 1981, dem Jahrestag der 1. Marienerscheinung, schoss während der Audienz auf dem Petersplatz der Türke Ali Agça auf den Papst und verletzte ihn schwer. Johannes Paul II. identifizierte sich selbst mit der Person des weiß gekleideten Bischofs und war überzeugt, dass Unsere Liebe Frau von Fátima ihm das Leben rettete: *„Eine Hand schoss die Kugel ab, und es war eine mütterliche Hand, die die Flugbahn der Kugel leitete und es dem Papst, der mit dem Tode rang, erlaubte, an der Schwelle des Todes stehen zu bleiben.“* (Papst Johannes Paul II. am 13. Mai 1994)

Möglicherweise sah Papst Johannes Paul II. in dem zitternden, von Sorge bedrückten Bischof sich selbst am Ende seines Lebens und fand darin die Kraft, trotz großer körperlicher Beschwerden in seinem Amt auszuhalten. *„So können wir wirklich in dieser Vision die Märtyrergeschichte eines Jahrhunderts zusammengefasst sehen und im selben Sinn auch die Passion der Päpste dieses Jahrhunderts und nicht nur das Attentat vom 13. Mai 1981. Doch in dieser Leidensgeschichte der Päpste bildet dieses Attentat, das den Heiligen Vater an die Schwelle des Todes führte, gewiss den Höhepunkt, der mit dem Kern dieser Vision speziell identifiziert wird.“* (Kardinal Joseph Ratzinger)

Der Kreuzweg der Kirche

Der Weg der Kirche durch das 20. Jahrhundert wird als Leidensweg zum Kreuz gezeigt, vorbei an den Trümmern einer zerstörten Stadt, an Leidenden und Toten. Die Stadt und der Weg auf den Berg symbolisieren den Lauf der menschlichen Geschichte. Sie führt auf einem mühevollen Weg zu einem Ziel; dieses kann verfehlt werden und in die Zerstörung führen: Fortschritt und Gefährdung, der Weg zum Heil oder in den Abgrund, stehen als reale Möglichkeiten nebeneinander. Nie zuvor wurde die Welt von so gewaltigen Kriegen erschüttert wie im 20. Jahrhundert, und mehr Menschen als je zuvor wurden wegen ihres Glaubens verfolgt, litten und starben, so dass zurecht vom *„Jahrhundert der Märtyrer“* gesprochen werden kann. Bei der ökumenischen Feier für die Märtyrer am 7. Mai 2000 am Kolosseum in Rom wurden die Namen von 12.692 Märtyrern des vergangenen Jahrhunderts aus aller Welt verlesen. *„Am Ende des zweiten Jahrtausends ist die Kirche erneut zur Märtyrerkirche geworden. Die Verfolgung von Gläubigen – Priestern, Ordensleuten und Laien – das Zeugnis für Christus bis hin zum Blutvergießen ist zum gemeinsamen Erbe von Ka-*

tholiken, Orthodoxen, Anglikanern und Protestanten geworden ...“ Dieses Leid ist nicht vergebens, wenn daraus die Kraft zur Erneuerung wächst.

Die Warnungen der Gottesmutter wurden missachtet: *„Wenn nicht ... werden die Guten gemartert werden, der Heilige Vater wird viel zu leiden haben, verschiedene Nationen werden vernichtet werden.“* Die Menschen haben den Weg zur *„Hölle“* gewählt. *„Viele Menschen und viele Gesellschaften, viele Christen sind in die Gegenrichtung der Botschaft von Fátima gegangen.“* (Johannes Paul II. am 13. Mai 1982)

Die Menschheit war und ist dabei, sich selbst zu zerstören.

Die halb zerstörte Stadt zeigt, dass der Mensch sein eigenes Werk zugrunde richtet. Am Ende des leidvollen Weges steht auf dem Berg das Kreuz, der einzige Weg zum Heil. Auf dem Gipfel des Berges ist das Kreuz für alle Zeiten errichtet, um die Not zu wenden und das Leid von Mensch und Schöpfung zu beenden. Das Kreuz ist weithin sichtbar und begleitet die Menschen durch die Geschichte und führt sie zu ihrem Ziel, Jesus Christus. Er ist *„Weg, Wahrheit und Leben“* (Joh 14,6) und führt zur Auferstehung.

„Der Herr hat uns gesagt, dass die Kirche auf verschiedene Weise immer leiden würde bis zum Ende der Welt. Wichtig ist dabei, dass die Botschaft, die Antwort von Fátima, im Wesentlichen nicht auf bestimmte Andachtsübungen abzielt, sondern auf die grundlegende Antwort, das heißt die ständige Umkehr, die Buße, das Gebet und die drei göttlichen Tugenden: Glaube, Hoffnung und Liebe ... Mit einem Wort, wir müssen gerade das Wesentliche neu lernen: die Umkehr, das Gebet, die Buße und die göttlichen Tugenden.“ (Papst Benedikt XVI. am 11. Mai 2010 in Lissabon)

Der Engel mit dem Flammenschwert
Zunächst erinnert der Engel an den Anfang der Schöpfung: Im Ungehorsam gegen Gott und weil sie sein wollten wie er, verwirkten die ersten Menschen das Paradies. Seither bewacht ein Engel mit einem Flammenschwert die verschlossenen Tore (vgl. Gen 3,24), und der Mensch steht immer wieder vor der Wahl, den Weg ins Paradies zu suchen oder den zur *„Hölle“*, dessen Vorboten in Zerstörung und Leid schon real gegenwärtig sind. Die Menschen haben zunehmend das Potential zur Zerstörung der Welt geschaffen, das im 20. Jahrhundert einen Höhepunkt erreicht hat. In diesem Zusammenhang weist der Engel über die Geschichte hinaus auf ihr Ende und das Gericht, unter dem die Menschheit steht, beschrieben in Bildern, wie sie in der geheimen Offenbarung, dem letzten Buch des Neuen Testaments, aufgezeichnet sind. *„Fürchtet Gott und erweist ihm die Ehre! Denn die Stunde des Gerichts ist gekommen!“* (Offb 14,7)

Als göttliches Element der Endzeit wird in der Heiligen Schrift mehrmals das alles verzehrende Feuer genannt. Der Engel der Fátima-Vision zeigt mit seiner Rechten auf die Erde, und mit seinem dreimaligen Aufruf zur Buße markiert er ein Gegengewicht zum zerstörerischen Zustand der Welt, der gekennzeichnet ist durch große Verfolgungen von Kirche und Gläubigen. Das bedeutet auch, dass dieser Weg ins Unheil nicht unabänderlich vorgezeichnet oder vorherbestimmt ist. Der Mensch hat es in der Hand, den Lauf der Geschichte zum Guten zu wenden. Gott hat den Menschen zur Freiheit geschaffen. Nicht Gott ist es, der die Welt in Brand setzt, sondern der Mensch selbst; er hat sich sein eigenes Flammenschwert zur Vernichtung geschaffen. *„... doch die Flammen ver-*

Gottesdienst mit Msgr. Wolfgang Bouché.

löschten, als sie mit dem Glanz in Berührung kamen, den Unsere Liebe Frau von ihrer rechten Hand auf den Engel ausströmte ... Der Engel mit dem Flammenschwert stellt die Gerichtsdrohung dar, unter der die Welt steht. Dass sie in einem Flammenmeer verbrennen könnte, erscheint heute keineswegs als große Fantasie. Die Vision zeigt dann die Gegenkraft zur Macht der Zerstörung: den Glanz der Muttergottes und den Ruf zur Buße. Der Engel mit dem Feuerschwert [in der linken Hand] *erinnert an die analogen Bilder in der Apokalypse. Er stellt die Drohung des Strafgerichtes dar, die über der Welt schwebt. Die Perspektive, dass die Welt in einem Meer der Flammen zu Asche werden könnte, erscheint heute nicht mehr als eine bloße Phantasie. Der Mensch selbst mit seinen Erfindungen hat das Feuerschwert vorbereitet.“* (Kardinal Josef Ratzinger)

Am Kreuz manifestiert sich die ganze Geschichte des Menschen, die zugleich die Geschichte der Abkehr von Gott und damit des Leidens von Mensch und

Schöpfung ist. Die Engel unter dem Kreuz sammeln das Blut der Märtyrer und vereinigen es mit dem Blut Christi. Das Bild erinnert an die Zeiten der Christenverfolgungen der ersten Jahrhunderte: *„Das Blut der Märtyrer wird zum Samen für neue Christen."* Aus ihnen wird eine neue, gestärkte Kirche entstehen: *„Denn es entspricht der Gerechtigkeit Gottes ... euch mit uns Ruhe zu schenken, wenn Jesus, der Herr, sich vom Himmel her offenbart mit seinen mächtigen Engeln in loderndem Feuer"* (2 Thess 1,6f).

Das Geheimnis von Fátima und insbesondere sein dritter Teil ist keine konkrete Vorhersage der Zukunft, sondern eine Warnung, die in symbolischen Bildern die Menschen zur Umkehr bewegen will. Die Zukunft kann durch Gebet und Opfer verändert werden, zur Rettung von Welt und Menschheit. *„Was ganz dem Weg des Menschen zu Gott entgegengesetzt ist, ist die Sünde, das Verbleiben in der Sünde, und schließlich die Leugnung Gottes, das programmatische Wegwischen Gottes aus der menschlichen Gedankenwelt, die Trennung der ganzen irdischen Tätigkeit des Menschen von ihm. Das ewige Heil des Menschen ist tatsächlich nur in Gott. Die Verleugnung Gottes durch den Menschen, wenn sie endgültig wird, führt logisch zur Verwerfung des Menschen durch Gott, zur Verdammung."* (Papst Johannes Paul II. am 13. Mai 1982).

Die Bilder sind prophetisch-apokalyptisch und deuten auf das Ende der Zeit und die endgültige Wiederkunft Jesu Christi. *„Durch das Kreuz seines Sohnes auf Golgota wiederholt Gott von Generation zu Generation: ‚Seht, ich mache alles neu' (Offb 21,5): Durch das Kreuz auf Golgota steigt von Gott her in die Geschichte der Menschheit, in die Geschichte von jedem Jahrhundert, die heilige Stadt, das neue Jerusalem."* (Papst Johannes Paul II. am 13. Mai 1991)

Die Botschaft von Fátima: ein Weg in die Zukunft

„Fátima ist das stärkste Eingreifen Gottes durch Maria in die Geschichte der Kirche und Menschen seit dem Tod der Apostel.“ (Papst Pius XII.)

Was 1917 in Fátima geschah, gehört nicht der Vergangenheit an. Nach dem Kommunismus sind neue Gefahren entstanden, wie der Materialismus und ein Europa, das in vielen Bereichen seine christlichen Wurzeln vergisst oder verleugnet. Wenn die Menschen nicht mehr glauben, suchen sie sich Ersatz im Diesseits. So ist die Botschaft von Fátima dringend und *„aktueller als jemals zuvor“* (Papst Johannes Paul II.), an den Traditionen orientiert, aber in Anpassung an die neuen Herausforderungen. *„In Anbetracht einer Menschheitsfamilie, die bereit ist, ihre heiligsten Pflichten auf dem Altar kleinlicher Egoismen im Namen der Nation, Rasse, Ideologie, Gruppe oder des Individuums zu opfern, ist unsere gebenedeite Mutter vom Himmel herabgekommen, um all jenen, die sich ihr anvertrauen, voller Hingabe die göttliche Liebe ins Herz zu legen, die auch in ihrem Herzen brennt ... Die Jungfrau Maria ist vom Himmel gekommen, um an Wahrheiten des Evangeliums zu erinnern, die für eine lieblose und heilsvergessene Menschheit die Quelle der Hoffnung bilden.“* (Papst Benedikt XVI. am 13. Mai 2010)

Marienerscheinungen gab es zu allen Zeiten, gehäuft in den letzten beiden Jahrhunderten. Ihre Botschaften fügen der Offenbarung Gottes, wie sie in der Heiligen Schrift verbindlich aufgezeichnet sind, nichts hinzu. *„Der Maßstab für Wahrheit und Wert einer Privatoffenbarung ist demgemäß ihre Hinordnung auf Christus selbst. Wenn sie uns von ihm wegführt, wenn sie sich verselbständigt oder sich gar als eine andere und* *bessere Ordnung, als wichtiger denn das Evangelium ausgibt, dann kommt sie sicher nicht vom Heiligen Geist, der uns in das Evangelium hinein- und nicht aus ihm herausführt. Das schließt nicht aus, dass eine Privatoffenbarung neue Akzente setzt, dass sie neue Weisen der Frömmigkeit herausstellt oder alte vertieft und erweitert. Aber in alledem muss es doch drum gehen, dass sie Glaube, Hoffnung und Liebe nährt, die der bleibende Weg des Heils für alle sind.*" (Kardinal Joseph Ratzinger)

Privatoffenbarungen an Einzelne helfen, konkrete geschichtliche Situationen besser zu verstehen, denn *„das Aussehen des Himmels wisst ihr zu deuten, aber die Zeichen der Zeit versteht ihr nicht"* (Mt 16,13). Diese Aussage Jesu gilt auch heute und in diesem Kontext sind alle Erscheinungen zu verstehen: Zeichen der Gegenwart Gottes in der Welt und seiner Sorge für sie. Maria macht keine Angst oder droht mit apokalyptischen Schreckensszenarien. *„Die Einzigartigkeit Fátimas liegt darin, dass es Inhalte des Evangeliums wiedergibt, die Gott uns, den Menschen des 20. Jahrhunderts, verkündet, des Jahrhunderts der Erfindungen und Entdeckungen, der Begeisterung, aber auch der Sünde."* (Luciano Guerra, Rektor des Heiligtums)

Fátima ist eine Privatoffenbarung, die erst nach genauer Prüfung von der Kirche anerkannt und den Gläubigen empfohlen wird: *„Eine solche Botschaft kann eine wertvolle Hilfe sein, das Evangelium in der jeweils gegenwärtigen Stunde besser zu verstehen und zu leben; deswegen soll man sie nicht achtlos beiseite schieben. Sie ist eine Hilfe, die geboten wird."* (Kardinal Joseph Ratzinger)

Fátima geht weiter, weil es den Menschen den Vorrang Gottes und seine Gegenwart aufzeigt. Es ist der Ruf zur Umkehr und zur Wiedergutmachung. Die

Vergangenheit kann nicht mehr verändert werden, doch die Zukunft kann gestaltet werden, liegt nicht als unabänderliches Schicksal vor uns. Maria fordert uns auf, mit ihren Augen die Welt zu sehen und die Barmherzigkeit zu erkennen in der Gemeinschaft und Einheit der Kirche und im Aufruf zum Frieden für die Welt.

Die prophetische Dimension

Johannes Paul II. nannte die Erscheinung von Fátima die prophetischste aller Marienerscheinungen. Im Alten Testament treten häufig Propheten auf, zu allererst in Notzeiten, um vor drohendem Unheil zu warnen. Und jede ihrer Prophezeiungen hat sich erfüllt: nicht aufgrund eines unausweichlichen Schicksals, sondern weil die Mahnungen ungehört verhallten. Eine prophetische Mahnung ist keine Drohbotschaft, sie zeigt die Konsequenzen, die unweigerlich eintreten, wenn die Umkehr ausbleibt. Deshalb ist es nicht Gott, der straft, sondern die Menschen verurteilen sich im Ungehorsam selber, weil sie nicht auf die Hinweise und Warnungen achten.

Kurz nach den Erscheinungen in Fátima begann die russische Revolution, die *„ihre Irrtümer in der ganzen Welt verbreitete“* und Kriege, Gräueltaten und Verfolgung mit sich brachte, die Millionen ins Elend stürzten und das Leben kosteten. Die totalitären Diktaturen entfesselten den Zweiten Weltkrieg mit seinen immensen Zerstörungen. Die vorhergesagten Katastrophen sind eingetroffen. Die Welt hat sich seither verändert. In den neunziger Jahren des 20. Jahrhunderts ist der Eiserne Vorhang gefallen, der Staatskommunismus gescheitert. Zu Beginn des 3. Jahrtausends scheint es, dass die Botschaft von Fátima der

Vergangenheit angehört. *„Marias Appell gilt nicht nur für den Augenblick"*, warnte Papst Johannes Paul II., die Botschaft ist eine dynamische. Sie schaut gleichzeitig auf die Gegenwart und die Zukunft und zeigt Möglichkeiten eines authentischen christlichen Lebens. Auch wenn Fátima manchen traditionell orientiert scheint, entzieht es sich nicht seiner Verantwortung für die Gegenwart und zukünftige Entwicklungen.

Die Realität von Himmel und Hölle

In Fátima erscheint nicht das Mädchen Maria aus Nazaret, sondern die *„himmlische Frau"*. Sie gehört nicht mehr zur irdischen Welt, sondern zur Welt Gottes, dem Himmel. Der Himmel ist keine romantische Vorstellung oder eine Gefühlswelt, sondern die Realität der Existenz Gottes, das Reich Gottes. Mit Jesus Chris-

Kalvarienberg am Ungarischen Kreuzweg.

tus ist der Himmel auf die Erde gekommen. Im Hochgebet ruft der Priester für die versammelte Gemeinde die Fürsprache der himmlischen Kirche an, in Engeln und Heiligen mit Maria als Ersterlöster an der Spitze. Die himmlische Kirche tritt fürbittend ein für die irdische. Die Engel sind Geschöpfe Gottes, die ihn anbeten und ihm dienen. In ihrem Dienst für Gott stehen sie im Dienst am Menschen, die sie schützen, mahnen und auf dem Weg zu Gott begleiten.

Die Vision der Hölle lässt die Aussagen des Neuen Testaments anklingen (z. B. Mt 8,12). Ein Blick auf den Schöpfungsbericht der Bibel bestätigt, dass Gott die Welt *„gut"* geschaffen hat, und die Sünde nicht von Gott, sondern durch das eigenmächtige Handeln des Menschen entstanden ist und seither als Möglichkeit in ihm existiert. Hölle ist damit die bewusste Abkehr von Gott und der Weg ins Unheil – die Schreckensherrschaften, das Unheil und die Kriege des 20. Jahrhunderts sind die Vorboten der Hölle. Wenn die Kinder in die Hölle sahen, dann nicht, um sie in Angst zu versetzen, sondern um sie – und damit alle Menschen – eindringlich zur Umkehr zu mahnen und Auswege zu suchen.

Himmel und Hölle sind Realitäten, die im Glauben angenommen werden und Auswirkungen auf den Lauf der Geschichte und das Schicksal der Menschen haben. Fátima bestätigt in der Person Marias die Erlösung, die von Gott her bereits geschehen ist. Es ist jetzt Sache des Menschen, diese Erlösung für sich anzunehmen und wirksam werden zu lassen. Das letzte Ziel von Mensch und Schöpfung ist der Himmel. *„Ich komme vom Himmel, ihr braucht euch nicht zu fürchten"*, sagte Maria zu den Kindern. Das steht als Vorzeichen über allen Erscheinungen. Und am Ende siegt nicht die Hölle mit ihren Schrecken, sondern es gilt das bedingungslose Versprechen, dass Marias unbeflecktes Herz triumphieren wird.

Aufruf zu Buße, Umkehr und Gebet für den Frieden der Welt

„Kehrt um und glaubt an das Evangelium" (Mk 1,15), sind die ersten Worte Jesu, die das Markusevangelium überliefert. Bekehrung und die Bereitschaft zur Buße sind die drängende Notwendigkeit für die Menschen, zu denen in allen Erscheinungen des Engels und der Gottesmutter gemahnt wird; es gilt aufzuhören mit den Beleidigungen Gottes durch die Missachtung seiner Gebote. Buße bedeutet dann, sein Leben grundlegend und dauerhaft zu ändern und zum eigenen Wohl auf Gott hin auszurichten. Dazu gehört, Verantwortung füreinander zu übernehmen. Der Aufruf zu Opfern legt nahe, in materiellem Besitz nicht das höchste Ziel zu sehen, der Anhäufung von Reichtum alles andere unterzuordnen.

„Vor dem Herrn, deinem Gott, sollst du dich niederwerfen und ihm allein dienen" (Lk 4,8). Opferbereitschaft heißt aber nicht, alles abzulehnen: *„Wir können nicht glauben, dass Gott nur mit uns zufrieden ist, wenn wir Opfer bringen. Gott erschuf die guten Dinge für seine Kinder: Er freut sich wenn sie sich ihrer bedienen, ohne sie zu missbrauchen und wenn sie nachher ihre Arbeitspflicht erfüllen, um sie zu verdienen. Wir nehmen dankend und in Liebe zu dem, der uns mit seinen Gaben überhäuft, alles an."* (Schwester Lucia).

In diesem Verständnis bringen Pilger an jedem 15. August ihre Weizenspenden nach Fátima und darin ihre Arbeit und ihr Lebensopfer. Aus dem gespendeten Getreide werden die Hostien des Heiligtums gebacken.

Mit der Botschaft von Fátima gibt es kein Leid mehr ohne Sinn, denn auch nach den Schrecken des ganzen 20. Jahrhunderts zeigt die Gottesmutter, dass dies nicht das unabwendbare Schicksal der Welt ist. Mit den ungeheuren Fortschritten in allen Wissenschaften ist es für die Menschen schwieriger geworden, angesichts der eigenen Möglichkeiten an Gott zu glauben und sich seinem Wirken zu öffnen. *„Es besteht die Gefahr, dass der Marxismus durch eine andere Form des Atheismus ersetzt wird, die der Freiheit schmeichelt und darauf aus ist, die Wurzeln der menschlichen und christlichen Moral zu zerstören ... ‚Monstra te esse Matrem‘ (Zeige dich weiterhin als Mutter)!“* (Papst Johannes Paul II. am 13. Mai 1991) Gott sucht dafür Menschen, die in Solidarität und Verantwortung füreinander leben, so wie er sie in den drei Seherkindern gefunden hatte, die bereit waren, Leiden zu ertragen. Der Ruf von Fátima ist eine große Chance, die Welt zu verändern in seinem Aufruf zu Glauben und Hoffnung.

Das Rosenkranzgebet

Der Aufruf zum Gebet kennzeichnete jede Erscheinung. Die Kinder lernten neue Gebete, die ihnen halfen, ihren Glauben zu vertiefen und besser zu verstehen und daraus Kraft für ihr Leben zu ziehen. Beharrlich mahnte die Gottesmutter zum täglichen Rosenkranz. Das volkstümliche Gebet war nicht neu, für die drei Kinder gehörte es zu ihrem Alltag. Seit Jahrhunderten gehört der Rosenkranz zur Gebetspraxis der katholischen Kirche. Er kann an jedem Ort allein oder gemeinsam gebetet werden; in Fátima und an anderen Wallfahrtsorten vereint er die Pilger aus der ganzen Welt. Im Glaubensbekenntnis enthält der

Rosenkranz die grundlegenden Glaubenswahrheiten; das Gebet des Herrn, der Gruß des Engels und der Lobpreis Elisabeths stammen aus der biblischen Tradition, und der große Lobpreis greift das Geheimnis der Dreifaltigkeit auf. Die fünfzehn (bzw. mit den lichtreichen zwanzig) Geheimnisse umfassen die Grundwahrheiten des Erlösungswerkes Jesu Christi aus der Sicht Marias bis hin zur Bestimmung jedes Menschen über den Tod hinaus, beispielhaft in der Aufnahme und Krönung Mariens im Himmel: Maria als Vorbild eines Menschen, der ganz gemäß dem Willen Gottes lebte. In der meditativen Wiederholung bleibt Raum für eigene Gedanken. Die Hinzufügung des Fátima-Gebets *„Oh mein Jesus"* fordert zu Umkehr und Vergebung auf und bestätigt die Wirkmacht des stellvertretenden Gebets. Zu den Sühnesamstagen gehört, sich fünfzehn Minuten Zeit zu nehmen und die Geheimnisse des Rosenkranzes zu betrachten und tiefer in sie einzudringen. Das führt zur sakramentalen Begegnung mit Christus in der Beichte und dem Empfang der Eucharistie. Die versprochenen Gnaden und der Beistand in der Todesstunde, um den im Rosenkranz gebetet wird, sind keine von außen hinzukommenden *„Belohnungen"*, sondern Folge der Hinwendung zu Gott. – wie sie an den Sühnesamstagen in bewusster Weise geschieht. *„Das Rosenkranzgebet erlaubt uns, unseren Blick und unser Herz auf Jesus zu richten, so wie Maria es tat, die das unübertreffliche Vorbild der Betrachtung des Sohnes ist. Wenn wir beim Beten des ‚Gegrüßet seist du, Maria' die freudenreichen, lichtreichen, schmerzhaften und glorreichen Geheimnisse meditieren, betrachten wir das gesamte Geheimnis Christi, von der Menschwerdung bis zum Kreuz und der Herrlichkeit der Auferstehung; wir betrachten die innige Teilhabe Marias an diesem Geheimnis und an unserem*

Leben in Christus heute, das auch von Zeiten der Freude und des Schmerzes durchwoben ist, von Schatten und Licht, von Sorge und Hoffnung.“ (Papst Benedikt XVI. am 12. Mai 2010)

Die Verehrung des unbefleckten Herzens Mariens

Wenn die Heilige Schrift vom *„Herz“* spricht, meint sie die Mitte des Menschen, wo sich Verstand, Sinne und Emotionen treffen: *„Er gebe euch allen ein Herz, das euch fähig macht, ihn zu fürchten und seiner Lehre mutig und bereitwillig zu folgen“* (2 Makk 1,3). – *„Der Herr ist meine Kraft und mein Schild, mein Herz vertraut ihm“* (Ps 28,7).7“ Das *„reine“*, unbefleckte Herz ist eines, das Gott erkennt und sich ihm zuwendet (vgl. Mt 5,8). So kann Maria aus ganzem Herzen den großen Lobpreis Gottes im Magnifikat anstimmen (Lk 1,46-55). Zweimal erwähnt das Lukasevangelium das Herz Marias: Nach dem Besuch der Hirten bei der Geburt Jesu *„bewahrte Maria alles, was geschehen war, in ihrem Herzen und dachte darüber nach“* (Lk 2,19); als Maria den zwölfjährigen Jesus im Tempel wiedergefunden hatte, *„bewahrte seine Mutter alles, was geschehen war, in ihrem Herzen“* (Lk 2,51).

Das Herz ist ein Symbol der Liebe und im weiteren Sinn der ganzen Persönlichkeit in ihrer Fähigkeit zu lieben. Mit feinem Gespür nimmt Maria bei der Hochzeit zu Kana die Not des Brautpaars wahr und bittet Jesus um Hilfe (Joh 2,1-12). Wenn die Gottesmutter in Fátima auf ihr unbeflecktes Herz weist, dann tut sie das wie bei der Hochzeit von Kana aus Sorge um die Menschen und um auf die *„Verletzungen“* hinzuweisen, die Jesus ständig zugefügt werden. Deshalb bittet sie um die Verehrung ihres Herzens im Gebet. Die Weissagung Simeons, dass ein Schwert ihre Seele durchbohren wird (Lk 2,34) erfüllt sich, als sie den Kreuzweg Jesu begleitet und bis zum Schluss aushält. Hier zeigt sich, dass Maria mit ihrem Sohn leidet, wenn er gequält, beleidigt und nicht geliebt wird. In ihrer Liebe zueinander sind die Herzen von Jesus und Maria aufeinander verwiesen. So wie Jesus seine Mutter vom Kreuz herab dem Lieblingsjünger Johannes anvertraut (Joh 19,27), bittet er in einer Vision Schwester Lucia und durch sie alle Menschen, Maria zu achten und als Mutter zu ehren.

Die Verehrung des Herzens Mariens zielt immer auf Jesus, wie Jacinta kurz vor ihrem Tod Lucia erklärte: *„Sag allen, dass Gott uns seine Gnade durch das unbefleckte Herz Mariens gibt, dass sie dieselben durch dieses Herz erbitten sollen, dass das Herz Jesu gemeinsam mit dem Herzen Mariens verehrt sein will."*

Am 4.Mai 1944 führte Pius XII. den Festtag zu Ehren des unbefleckten Herzens Mariens ein, *„damit durch die Hilfe der allerseligsten Gottesmutter allen Völkern der Friede, der Kirche die Freiheit geschenkt werde, die Sünder von ihrer eigenen Schuld befreit und alle Gläubigen in der Liebe zur Reinheit und in der Übung aller Tugenden gefestigt werden."* (aus dem Erlass der Ritenkongregation) Das Fest wird am 3. Samstag nach Pfingsten, einem Tag nach dem Herz-Jesu-Fest gefeiert.

Wie die Bezeichnung *„unbefleckte Empfängnis"* auf den Anfang von Marias Leben verweist als die, die ohne Erbschuld im Heilsplan Gottes auserwählt war, so bezeugt das *„unbefleckte Herz"* ihr Leben, in dem sie immer ihre Sündenlosigkeit bewahrte in Ausrichtung auf den Willen Gottes und ihre Liebe zu Jesus Christus.

„Das Böse hat Macht in der Welt, wir sehen es und erfahren es immer wieder; es hat Macht, weil unsere Frei-

heit sich immer wieder von Gott abdrängen lässt. Aber seit Gott selbst ein menschliches Herz hat und so die Freiheit des Menschen ins Gute hinein, auf Gott zu, gewendet hat, hat die Freiheit zum Bösen nicht mehr das letzte Wort. Seitdem gilt: ‚In der Welt werdet ihr Drangsal haben, aber seid nur getrost, ich habe die Welt überwunden‘ (Joh 16,33). *Dieser Verheißung uns anzuvertrauen, lädt uns die Botschaft von Fátima ein.“* (Kardinal Joseph Ratzinger)

Bei den Erscheinungen im Juli 1917 und im Kloster von Tuy (1929) bat die Gottesmutter um die Weihe Russlands an ihr unbeflecktes Herz. Seit Papst Pius XII. haben die Päpste mehrfach die Weihe der Welt an Maria vollzogen, Bischöfe, Priester und Gläubige folgten ihrem Beispiel. Sie vertrauten Kirche und Welt in einem besonderen Treueversprechen der Gottesmutter an. Sich Maria weihen heißt, sich ihrer Führung zu überlassen auf dem Weg zu Christus. *„Die Welt dem unbefleckten Herzen Mariens zu weihen be-*

Kapelle in der Casa de Retidos das Dores.

deutet, sich durch die Fürbitte der Mutter der Quelle des Lebens selbst zu nahen … Darin hat Fátima eine bedeutende Botschaft für die Kirche aller Epochen.“ (Papst Johannes Paul II. am 13. Mai 1982)

„Erleuchte das Volk Gottes auf den Wegen des Glaubens, der Hoffnung und der Liebe. Hilf uns, die Weihe Christi für die gesamte Menschheitsfamilie der heutigen Welt in ganzer Wahrheit zu leben … Darum, oh Mutter der Menschen und Völker, die du alle ihre Leiden und Hoffnungen kennst und mit mütterlichem Herzen an allen Kämpfen zwischen Gut und Böse, zwischen Licht und Finsternis Anteil nimmst, die unsere heutige Welt erschüttern, höre unser Rufen, das wir unter dem Antrieb des Heiligen Geistes direkt an dein Herz richten; umfange mit deiner Liebe als Mutter und Magd des Herrn diese unsere Welt, die wir dir anvertrauen und weihen, erfüllt von der Sorge um das irdische und ewige Heil der Menschen und Völker. In besonderer Weise überantworten und weihen wir dir jene Menschen und Nationen, die

Pilgerfahnen aus aller Welt.

dieser Überantwortung und Weihe besonders bedürfen. Unter deinen Schutz und Schirm fliehen wir, oh heilige Gottesmutter." (aus dem Weihegebet von Papst Johannes Paul II. aus dem Jahr 1982)

Gott im Geheimnis der Dreifaltigkeit und der Eucharistie

Alle Engel- und Marienerscheinung beabsichtigen die Verehrung Gottes: in Gebeten, in der Anbetung und als höchste Form der Vereinigung in der Feier der Versöhnung und dem Empfang der Eucharistie.

Gott ist nicht auf die Verehrung durch den Menschen angewiesen, doch die Abkehr von Gott bringt den Menschen Unheil, dem einzelnen wie der ganzen Welt. *„Die Botschaft von Fátima äußert sich zu all dem, was in der Tiefe hinter den äußeren Ereignissen in Welt und Kirche geschieht: Was auf uns zukommt, und wie es in der Kraft Gottes gemeistert werden kann, weil menschliche Kräfte dazu nicht ausreichen. Fátima äußert sich zu der Zeit in der wir leben."* (Schwester Lucia)

Die Anerkennung Gottes und seine Verehrung wertet den Menschen auf. Das spürten die Seherkinder: *„Unsere Größe ist unermesslich: Wir sind von Gott erwählt, von Gott behütet, wir sind geheiligt durch die Gegenwart Gottes, zum Lob seiner Herrlichkeit. Wir sind lebendige Tabernakel, in denen die heiligste Dreifaltigkeit wohnt, wir sind das Haus Gottes und die Pforte des Himmels."* (Schwester Lucia) Behutsam wurden sie an das Geheimnis der Dreifaltigkeit herangeführt, im wiederholten Gebet des Engels konnten sie immer tiefer darin eindringen.

Als Marienwallfahrtsort ist Fátima ein eucharistischer Ort. Maria ist die *„Straße, die zu Christus führt"* (Papst Paul VI.), und ruft zu seiner Verehrung und zur

Vereinigung mit ihm auf. Deshalb ist Höhepunkt des Wallfahrtstages die Feier der Eucharistie. In der eucharistischen Prozession, der ewigen Anbetung und dem eucharistischen Segen an alle Pilger, besonders die Kranken, bekennen sich die Gläubigen zur Gegenwart Jesu Christi in der Eucharistie.

Solidarität und Zeugnis mit und in der Kirche

Die Anerkennung Fátimas durch die Kirche bedeutet, dass die Aussagen der Erscheinungen mit den Lehren und Dogmen der katholischen Kirche übereinstimmen. Der Kirche ist von Jesus Christus anvertraut, das Evangelium zu verkünden und in den Sakramenten zu feiern, zum Heil der Menschen und einem verantwortungsvollen Umgang miteinander und der Schöpfung. Mit der Kirche untrennbar verbunden ist der Papst als Nachfolger Petri und ihr Oberhirte. Der *„weiße Bischof“* des Fátima-Geheimnisses wird mit ihm gleichgesetzt: Wenn die Kirche leidet, betrifft das den Papst, dem sie anvertraut ist. Daher haben das Gebet für den Papst und die Anliegen der Kirche in Fátima einen besonderen Stellenwert. Umgekehrt sandten die Päpste zu den großen Feierlichkeiten ihre Legaten oder kamen selbst als Pilger, um für die Kirche und die ihr anvertrauten Menschen zu beten. Fátima ist ein Ort, an dem katholische Kirche erlebt wird: *„Unsere Liebe Frau will uns bewusst machen, dass die Umkehr, das Gebet und auch die Buße für den Christen einen Wandel vollziehen können … Mir scheint, dass unser größter Fehler ist zu denken, dass nur die großen wirtschaftlichen und politischen Entscheidungen unsere Welt ändern können; dieser Versuchung erliegen auch die Christen, zu glauben, dass das Gebet keinen Wert mehr hat und deshalb interessieren sie sich mehr für die Poli-*

Lichterprozession.

tik und vergessen ganz das innere Leben ... Und ich denke, dass die Veränderungen in Osteuropa in Verbindung stehen mit dem Glauben, ganz sicher mit dem jetzigen Papst [Johannes Paul II.], aber vor allem mit der Macht des Gebets.“ (Kardinal Joseph Ratzinger im Gespräch mit Schwester Lucia 1996)

Fátima ist zum *„Altar der Welt“* geworden, für die Portugiesen ist es *„ihr“* Wallfahrtsort. An Portugal hat sich gezeigt, dass Gott die Geschichte lenkt, wenn die Menschen es zulassen. *„Das Geschehen vor 93 Jahren, als sich der Himmel gerade über Portugal auftat – wie ein Fenster der Hoffnung, das Gott öffnet, wenn der Mensch die Türe verschließt –, um im Schoß der Menschheitsfamilie die Bande brüderlicher Solidarität wieder herzustellen, die auf der gegenseitigen Anerkennung ein und desselben Vaters ruhen, ist ein Werk der liebenden Vorsehung Gottes. Es hängt nicht vom Papst ab, noch von irgendeiner kirchlichen Autorität. Es war nicht die Kirche, die Fátima durchgesetzt hat, sondern es war Fátima, das sich in der Kirche behauptet hat.“* (Papst Benedikt XVI. am 11. Mai 2010)

Fátimas Entwicklung zum Wallfahrtsort

Seit den Erscheinungen kamen zunehmend Gläubige nach Fátima, erste Wunder wurden bekannt, obwohl die staatlichen Behörden alles ihnen Mögliche taten, das Christentum in Portugal für immer auszurotten. Die Repressalien gingen weiter: Andachtsgegenstände wurden vom Erscheinungsort gestohlen, Spottprozessionen mit großer antikirchlicher Propaganda veranstaltet. Es wurde versucht, die Cova da Iria großräumig abzusperren und Lucia mit Gefängnis und Tod bedroht. Freimaurer versuchten, die Steineiche zu fällen, erwischten aber die falsche; Gebete wurden verhindert oder gestört. Anfangs verhielten sich auch die kirchlichen Autoritäten zurückhaltend, der Ortspfarrer hatte sich mehrfach gegen die religiösen Praktiken in der Cova da Iria ausgesprochen. Am 6. März 1922 explodierte eine Bombe in der neu erbauten Erscheinungskapelle und beschädigte sie schwer; eine weitere Bombe unter der großen Steineiche explodierte glücklicherweise nicht. Sofort begann der Wiederaufbau. Die Madonnenstatue hatte das Attentat unbeschadet überstanden, da sie zu ihrem Schutz nachts immer zu einer Familie in Fátima gebracht wurde.

Schon am 17. Januar 1918 war durch Papst Benedikt XV. die Diözese von Leiria (seit 1984 Leiria-Fátima) neu errichtet worden, der Bischof José Alves Correia da Silva bis zu seinem Tod 1957 vorstand: *„Fátima ist der spitzeste Stachel in der Dornenkrone meiner oberhirtlichen Bürde“*, verkündete er zu Anfang seines Amtes. Dennoch ging er mit großer Umsicht und Sorgfalt daran, die Ereignisse zu prüfen. Bereits 1922 setzte er eine Kommission ein, die Lucia mehrfach befragte und ihre Antworten als *„einfach und echt“* wertete. Noch vor Abschluss der Untersuchungen erlaubte der Bischof zum 13. Oktober 1924, in der Erscheinungskapelle Gottesdienste zu feiern, im Juni 1927 stand er selbst dort einer Eucharistiefeier vor, nachdem der Heilige Stuhl die *„Votivmesse Unserer Lieben Frau von Fátima"* genehmigt hatte. Nach gründlicher Überprüfung erklärte Bischof da Silva dreizehn Jahre nach den Erscheinungen in einem Pastoralschreiben vom 13. Oktober 1930 die Verehrung Unserer Lieben Frau von Fátima für glaubwürdig: *„Aufgrund gründlicher Untersuchungen, unter demütiger Anrufung des Heiligen Geistes und im Vertrauen auf den Schutz der heiligsten Jungfrau, nachdem wir die Konsultoren dieser Diözese angehört haben, halten wir es für gut:*

1. *Die Vision, die den drei Hirtenkindern in der Cova da Iria auf dem Gebiet der Pfarrei Fátima im Bereich dieser Diözese an den Tagen des 13. Mai und des 13. Oktobers 1917 zuteil wurden, als glaubwürdig zu erklären und*
2. *die Verehrung Unserer Lieben Frau von Fátima offiziell zu gestatten."*

Im darauf folgenden Jahr versammelten sich die Bischöfe ganz Portugals in Fátima, um ihr Land dem unbefleckten Herzen Mariens zu weihen; 300.000 Gläubige begleiteten dieses Ereignis.

Zu den Feierlichkeiten anlässlich des 25-jährigen Erscheinungsjubiläums kamen mehr als eine halbe Million Pilger nach Fátima. Papst Pius XII. hielt auf Portugiesisch eine Radioansprache, in der er die Welt dem unbefleckten Herzen Mariens weihte. Am 8. Dezember, dem Hochfest der unbefleckten Empfängnis Mariens, wiederholte er im Petersdom die Weihe. Zum 13. Mai 1946 wurde die Gnadenstatue vom päpstlichen Gesandten Kardinal Masella im Auftrag von Pius XII. gekrönt. Eine Inschrift im rechten Quer-

schiff der alten Basilika erinnert an dieses Ereignis. Die Krone aus Gold, mit Perlen und Edelsteinen, hatten portugiesische Frauen gespendet, die damit Maria als Königin des Friedens und der Welt ehrten und ihren Dank für die Verschonung Portugals im Zweiten Weltkrieg ausdrückten. Mit der Krone für Maria knüpften die Frauen an die Tradition portugiesischer Königinnen an, die nie eine Krone trugen, weil diese der Gottesmutter als eigentlicher Königin Portugals gebührte.

Zehn Jahre später erlaubte der Heilige Stuhl, das Gebet *„O mein Jesus“* nach den Gesätzen des Rosenkranzes einzufügen.

Unter den vielen, die im Laufe der Jahre Fátima besuchten, war der Patriarch von Venedig, der spätere Papst Johannes XXIII.; anlässlich der 50-Jahrfeiern kam als erster Papst Paul VI. zur Wallfahrtsstätte. Zwei

Dreifaltigkeitskirche in der Abendstimmung.

Jahre vorher hatte er ihr als besondere Auszeichnung eine goldene Rose geschenkt. Dreimal pilgerte Johannes Paul II. während seines Pontifikats zur Cova da Iria, um der Gottesmutter für seine Errettung vom Attentat zu danken. Bei seinem letzten Besuch sprach er die beiden Seherkinder Francisco und Jacinta selig. Dabei ließ er den letzten Teil des Fátima-Geheimnisses verkünden. Dem Wunsch der Madonna entsprechend weihte der Papst mehrfach die Welt und Russland dem unbefleckten Herzen Mariens. Benedikt XVI. besuchte 2010 den Wallfahrtsort.

Seit den Erscheinungen nimmt die Zahl der Pilger ständig zu. So ist Fátima zum *„Altar der Welt"* geworden. Nach Angaben von Bischof António Marto, der seit 2006 für Fátima zuständig ist, kommen jährlich mehr als fünf Millionen Pilger aus aller Welt, und es werden ständig mehr. Die meisten ausländischen Pilger kommen aus Spanien, Italien, Polen und den Vereinigten Staaten. Für die Portugiesen ist es *„ihr"* Wallfahrtsort; die Gottesmutter hat schließlich versprochen, dass Portugal immer seinen christlichen Glauben bewahrt. Im Revolutionsjahr 1974/75 hatten viele Portugiesen in Fátima für die friedliche Rettung des Landes gedankt, die sie der Fürsprache Marias zuschrieben. Zu den großen Feierlichkeiten am Abend des 12. und Vormittag des 13. von Mai bis Oktober kommen sie schon Tage vorher und übernachten im oder beim Heiligtum. Viele legen weite Wege zu Fuß zurück, auf Knien erreichen sie das Heiligtum und umrunden es: Ausdruck der Buße, des Dankes für empfangene Gnaden oder in Erfüllung eines Gelübdes. Hier in Fátima erfuhren Menschen ihre Bekehrung und erlangten Heilungen körperlicher und vor allem seelischer Art, Menschen unterschiedlichster Konfessionen und Religionen. Fátima zeigt die Macht des Gebets und ist so für viele zum Weg des Glaubens, der Hoffnung und der Liebe geworden. Für die Portugiesen ist Fátima das *„geistliche Herz des Landes"* (Bischof António Marto). Jedes Jahr kommen die Bischöfe mit ihren Diözesen zum Wallfahrtsort, dort tagt die portugiesische Bischofskonferenz.

„O unbeflecktes Herz, hilf uns die Gefahr des Bösen zu überwinden, das sich so leicht in den Herzen der heutigen Menschen einnistet und dessen unvorstellbare Auswirkungen über unserer Gegenwart lasten und den Weg in die Zukunft zu versperren scheinen.
Von Hunger und Krieg: befreie uns!
Von unkontrollierbarer Selbstzerstörung und jeder Art des Krieges: befreie uns!

Von den Sünden gegen das Leben des Menschen von seinen Anfängen an: befreie uns!
Von Hass und Missachtung der Würde der Söhne und Töchter Gottes: befreie uns!
Von jeder Ungerechtigkeit im sozialen, nationalen und internationalen Leben: befreie uns!
Von leichtfertiger Übertretung der Gebote Gottes: befreie uns!
Vom Versuch, in den Herzen der Menschen die Wahrheit Gottes zu ersticken: befreie uns!
Von den Sünden gegen den Heiligen Geist: befreie uns!
Höre, Mutter Christi, diesen Hilfeschrei, in welchem die Not aller Menschen zu dir ruft, die Not ganzer Völker. Noch einmal zeige sich in der Geschichte der Welt die unendliche Macht der erbarmenden Liebe, dass sie dem Bösen Einhalt gebiete; dass sie die Gewissen wandle. In deinem unbefleckten Herzen offenbare sich allen das Licht der Hoffnung.“ (Papst Johannes Paul II. am 13. Mai 2000 in Fatima)

Die Pilgermadonna: Maria begleitet die Kirche auf ihrem Weg durch die Zeit

Erstmals im Jahr 1946 reiste eine Statue der Fátima-Madonna aus Anlass der dreihundertjährigen Weihe Portugals an Maria durch das Land. Bischof da Silva griff die Idee auf, er ließ nach Angaben von Schwester Lucia eine Marienstatue anfertigen. Erstmals in der Geschichte verließ ein Gnadenbild *„seinen“* Verehrungsort, um durch die Welt zu pilgern. In den vierziger Jahren des 20. Jahrhunderts schuf José Ferreira Thedin nach der Originalstatue eine Madonna, die seit 1947 als *„Pilgermadonna“* durch die Welt reist. Nach ihr wurden mehrere Kopien gefertigt. Wie in der Erscheinungskapelle stellen sie Maria mit gefalteten Händen und dem Rosenkranz dar. Bischof da Silva weihte die Statuen und verschickte sie an Kirchen in der ganzen Welt. In Deutschland befinden sich solche u. a. in Bamberg, Bonn, Freiburg und Konstanz. Auf verborgenen Wegen gelangten einige Madonnen sogar ins kommunistische Ungarn und nach Russland.

Die Statuen Unserer Lieben Frau von Fátima sind unterschiedlich: Bei den meisten Darstellungen betet die Gottesmutter, oder zeigt auf ihr unbeflecktes Herz. Bei manchen sitzen drei Tauben zu ihren Füßen. Während einer Pilgerfahrt durch Portugal im Jahr 1946 flogen Tauben zu den Füßen der Marienstatue, ließen sich nieder und blieben dort, bis sie wieder in der Cova da Iria eintraf. Das Phänomen ereignete sich noch mehrmals bei späteren Pilgerfahrten.

Die erste Reise führte nach Spanien, Frankreich, Belgien, in die Niederlande, nach Luxemburg und Italien. Die Bevölkerung nahm großen Anteil und die Gottesmutter wurde als *„Künderin des Friedens und Missionarin“* begeistert empfangen und auf ihrem Weg begleitet. Die *„Blaue Armee“* – 1947 gegründet – förderte die Pilgerfahrten, indem sie bei der Organisation half und sie durch ihre Mitglieder begleitete. Von Spenden wurden weitere Madonnenstatuen geschaffen und in alle Kontinente verschickt, um Fátima und seine Botschaft bekannt zu machen.

Die erste Weltreise führte in die USA und verschiedene Länder Asiens, Afrikas und nach Europa. Weitere Reisen rund um den Globus folgten und dauern bis heute an. Vor der Pilgermadonna in Rom kündigte Papst Pius XII. am 29. Mai 1950 das Dogma der Aufnahme Mariens in den Himmel an, und 1971

Fátimamadonna beim Festgottesdienst.

schenkte Papst Paul VI. Fátima mehrere Kronen für die Pilgermadonnen. 80 Jahre nach den Erscheinungen konnte die Fátima-Madonna erstmals in die Länder der ehemaligen Sowjetunion reisen.

„Nicht mehr und nicht nur der Engel des Herrn, sondern die Königin der Engel macht ihren Jubiläumsbesuch in all ihren Bereichen, mit all den gnadenhaften Bildern aus den berühmtesten Heiligtümern der Christenheit und vor allem aus diesem Heiligtum zu Fátima, wo der Himmel uns gewährte, sie als Königin des Himmels zu krönen. In Amerika wie in Europa, in Afrika wie in Indien, in Indonesien und Australien regnete es bei ihrem Durchgang Segen vom Himmel, vervielfältigten sich ihre Gnadenwunder in einem Maße, dass wir kaum glauben können, was unsere Augen sehen." (Papst Pius XII. in einer Radiobotschaft vom 13. Oktober 1951)

Seit den Zeiten, als die drei Seherkinder in der Cova da Iria ihre Tiere hüteten, hat sich der Ort verändert: die ehemaligen Bäume und Sträucher sind dem großen Platz gewichen, und von den Steineichen ist nur eine einzige noch vorhanden: die einstige Schafweide wurde zum Pilgerort. Von früh am Morgen bis spät in die Nacht sind vor der Erscheinungskapelle, in den Kirchen und auf dem großen Platz Gebete und Gesänge zu hören.

Die Cova da Iria (Mulde der Irene)

Die Cova da Iria ist nach Iria (Irene), einer portugiesischen Heiligen aus dem 7. Jahrhundert benannt. Der Name bedeutet *„Friede“*, eine der Kernbotschaften Fátimas. Die Legende erzählt, dass Iria in ihrer Heimatstadt Tomar ihr Leben in klösterlicher Abgeschiedenheit verbringen wollte. Ein abgewiesener Heiratskandidat ermordete sie aus Eifersucht und warf sie in den Fluss. Als Irias Onkel nach ihr suchte, wurde ihm im Traum die Stelle ihres Grabes gezeigt. Dort angekommen, wichen die Wasser zurück und er sah Irias Leichnam im Grab. Dann wurde die Stelle erneut überflutet. Die Verehrung Irias ist bis heute lebendig.

Das Gelände der Cova hat einen Durchmesser von ca. 500 Metern. An der tiefsten Stelle, dort, wo fünf Mal die Gottesmutter erschienen war, steht die kleine Erscheinungskapelle, und im Laufe der Jahre entstanden um sie herum weitere Kirchen und Wallfahrteinrichtungen.

Die Erscheinungskapelle (Capelinha, Capela das Apariçoes)

Die kleine Kapelle ist das Herz des Heiligtums, der erste Bau in der Cova da Iria. Schon während der Erscheinungen wurde dort ein hölzerner Torbogen aufgestellt, den die Gläubigen mit Blumen und Kerzen schmückten. Darunter stand ein Tisch, auf dem Spenden niedergelegt werden konnten. Einige Monate später wurde gemäß dem Wunsch der Gottesmutter mit dem Bau der Kapelle begonnen. Bereits im April 1919 war die Capelinha fertig, aber der Bischof hatte noch nicht die Erlaubnis für die Feier von Gottesdiensten erteilt. Dessen ungeachtet kamen die Gläubigen, um dort zu beten. Seit dem Januar 1924 durfte dann mit bischöflicher Erlaubnis Gottesdienst gefeiert werden. Unter dem Schutzdach über der Kapelle wurde ein Gebetsbereich geschaffen mit Außenaltar und 1.400 Sitzplätzen. Die Gnadenstatue steht auf der linken Seite neben dem Altar: Maria, die Frau aus dem Volke zwischen Christus und der betenden Gemeinde.

Die alte Steineiche über der Maria erschien, steht nicht mehr, Gläubige hatten nach und nach ihre

Erscheinungskapelle.

Zweige als Andenken mitgenommen. Genau an der Stelle, steht heute auf dem Baumstumpf die Marmorsäule mit der Gnadenstatue Unserer Lieben Frau von Fátima in einem Glasschrein. Der Bildhauer José Ferreira Tedien aus Braga hat nach Lucias Angaben die Statue aus brasilianischem Zedernholz geschaffen, die seit dem 13. Juni 1920 in der Erscheinungskapelle steht.

Nur wenige Male hat die Originalstatue Fátima verlassen: So zu ihrem Besuch in Lissabon im April 1942 und vom 24. – 27. März 1984 im Vatikan auf Wunsch von Papst Johannes Paul II., als der Papst auf dem Petersplatz mit Bischöfen aus aller Welt die Weihe der Welt an Maria vollzog und ein weiteres Mal zum Heiligen Jahr 2000.

Bevorzugt wird die Madonna mit Nelken geschmückt, zur Erinnerung an die unblutige und friedlich verlaufene Nelkenrevolution von 1974/75. Die Krone der portugiesischen Frauen trägt die Madonnenstatue zu den großen Wallfahrtsfeierlichkeiten. Unter der blauen Weltkugel wurde in die Krone die Kugel eingefügt, die beim Attentat vom 13. Mai 1981 Johannes Paul II. getroffen hatte. Rechts neben der Gnadenkapelle steht noch die große Steineiche, unter der die drei Kinder gebetet und auf die Erscheinungen gewartet hatten. Ein Eisengitter und eine Hecke aus Feuerdorn schützen den Baum.

„Der ehrwürdige Diener Gottes Papst Johannes Paul II. ist dreimal hierher zu dir nach Fátima gekommen und hat der ‚unsichtbaren Hand' gedankt, die ihn beim Attentat am 13. Mai auf dem Petersplatz vor dem Tod gerettet hat. Er hat dem Heiligtum von Fátima eine Kugel geschenkt, die ihn schwer verletzt hatte und die in deine Krone der Königin des Friedens eingesetzt wurde.

Wie tröstlich ist es zu wissen, dass du nicht nur eine Krone aus dem Gold und Silber unserer Freuden und Hoffnungen trägst, sondern auch aus den ‚Kugeln' unserer Sorgen und Leiden.

Geliebte Mutter, ich danke für die Gebete und Opfer, die die Hirtenkinder von Fátima für den Papst erbracht haben in der Gesinnung, die du bei den Erscheinungen in ihnen geweckt hast. Ich danke auch allen, die jeden Tag für den Nachfolger Petri und in seinen Anliegen beten, dass der Papst stark sei im Glauben, kühn in der Hoffnung und eifrig in der Liebe." (Papst Benedikt XVI. am 12. Mai 2010 vor der Erscheinungskapelle)

Der große Platz (Recinto do Santuário)

Mit den Spenden der Pilger konnte Bischof da Silva schon 1921 ein großes Gelände rund um die Erscheinungsmulde erwerben, auf dem später der *„größte Kirchenvorplatz der Welt"* entstand. Mit der Gesamtplanung für die Pilgerstätte wurde der Lissabonner Architekt António Lino beauftragt.

Der Platz ist von der alten Basilika bis zur Dreifaltigkeitskirche ca 700 Meter lang und 200 Meter breit, also doppelt so groß wie der Petersplatz in Rom. Bei den großen Feierlichkeiten wird der Platz zur Freiluftkirche, wo bis zu einer halben Million Menschen dem Gottesdienst beiwohnen.

Symbolisch lässt sich über den Platz ein unsichtbares Kreuz legen: in Längsrichtung von der alten Basilika zur neuen Dreifaltigkeitskirche und quer von der Capelinha zur ehemaligen Anbetungskapelle. Genau dort, wo sich die beiden Achsen schneiden, steht an der tiefsten Stelle die **Herz-Jesu-Statue** aus Goldbronze. Ein Pilger hat die Nachbildung der Statue des Montmartre von Paris 1932 gestiftet. Die Statue

Großer Platz mit Blick auf die Basilika.

im Zentrum weist auf die Mitte von Fátima: Maria ist die Frau, die die Menschen zu Christus führt; in der Querachse von der Erscheinungskapelle zum Herzen Jesu und über die Erfahrung der Liebe, die von seinem Herzen ausgeht zur Anbetung. Die beiden Kirchen in der Längsachse sind Orte der Eucharistie, die Himmel und Erde verbinden im Zeichen der wirklichen Gegenwart Jesu Christi in den Gestalten von Brot und Wein.

Unmittelbar bei der Herz-Jesu-Statue, wurde 1921 eine **Quelle** entdeckt. Die Versorgung der Pilger mit sauberem Wasser war ein Problem gewesen, und als dort Wasser gefunden wurde, glaubten viele an ein Wunder, da es im weiteren Umkreis der Cova da Iria keine Quellen gab. Später wurden beim Krankenhaus Unserer Lieben Frau von den Schmerzen noch zwei weitere Quellen entdeckt.

Der große Platz ist auf die alte Basilika ausgerichtet, der die **Kolonnaden mit dem Kreuzweg** und der überdachte Freiluftaltar mit Bänken für die konzelebrierenden Priester vorgelagert sind. Unter den 200 Säulen der Kolonnaden befinden sich die vierzehn Kreuzwegstationen aus vielfarbiger Keramik, entworfen vom Architekten des großen Platzes António Lino. Der Kreuzweg beginnt auf der linken Seite.

Auf den **Kolonnaden** stehen siebzehn Statuen iberischer Heiliger, Ordensgründer und Verehrer der Gottesmutter, gestaltet von verschiedenen portugiesischen Künstlern. Im Zentrum, die vierzehn Kreuzwegstationen begrenzend, stehen vier 3,20 Meter hohe Statuen folgender Heiliger: (von links nach rechts):

- ***Johannes von Gott***, der *„Bettler von Granada“*
- der Indienmissionar ***Johannes Britto***
- ***Antonius von Lissabon***, bei uns bekannt als Antonius von Padua
- der portugiesische Nationalheilige ***Nuno de Santa Maria***.

Die 2.30 Meter hohen Statuen zu beiden Seiten stellen von links nach rechts dar:

- die Karmelitin und Kirchenlehrerin ***Teresia von Avila***

- den Kirchenlehrer und Gründer der Salesianerinnen ***Franz von Sales***
- den Gründer der Maristen-Schulbrüder ***Marcellino Joseph Benôit Champagnat***
- den Gründer der „Brüder der christlichen Schule" ***Johann Baptist de la Salle***
- den Gründer der Redemptoristen ***Alphons-Maria Liguori***
- den Gründer der „Salesianer Don Boscos" ***Johannes Bosco***
- den Patron der Jugend ***Dominikus Savio***
- den Gründer der Montfort-Schwestern und der „Montfortianischen Gesellschaft Mariens" ***Louis-Marie Grignion de Montfort***
- den Gründer der „Barmherzigen Schwestern" (Vinzentinerinnen) ***Vincenz von Paul***
- den Gründer des Karmeliterordens ***Simon Stock***
- den Gründer der Jesuiten ***Ignatius von Loyola***
- den Gründer der „Kongregation vom Leiden Christi" (Passionisten) ***Paul vom Kreuz***
- den Mystiker und Kirchenlehrer ***Johannes vom Kreuz***
- die Gründerin der „Konzeptionistinnen der Unbefleckten Empfängnis" ***Beatrix da Silva***.

Die Basilika Unserer Lieben Frau vom Rosenkranz (Basilica antiga)

Der Grundstein wurde am 13. Mai 1928 gelegt. In 25 Jahren wurde nach den Plänen des Niederländers Gerardus von Krieken und des Portugiesen João Antunes die Kirche im Stil der Neurenaissance erbaut. Bei ihrer Weihe am 7. Oktober 1953 waren alle portugiesischen Bischöfe anwesend, 1954 verlieh ihr Papst Pius XII. den Ehrentitel einer Basilika.

Die acht Tonnen schwere Bronze-Krone des 65 Meter hohen Glockenturms ist eine Nachbildung der Krone der Madonna in der Erscheinungskapelle. Die 61 Glocken, deren größte drei Tonnen wiegt, spielen zu jeder vollen Stunde das Ave von Fátima. Amerikanische Katholiken spendeten die Statue des unbefleckten Herzens Mariens, die seit 1959 in der Nische des Turms steht.

Die Marienkrönung über dem Haupteingang stammt aus den Vatikanischen Werkstätten und wurde vom damaligen Kardinalstaatssekretär Eugenio Pacelli, dem späteren Papst Pius XII. gesegnet. Im hinteren Teil der Kirche liegt das Fürbittbuch aus, in das jeder seine Anliegen eintragen kann. Die Orgel, eine der größten der Welt, wurde 1952 in Padua gebaut und hat 152 Register mit ca. 12.000 Pfeifen von 9 Millimeter bis 11 Meter.

Im Hauptschiff stehen erhöht in den vier Ecken die Statuen Heiliger, die große Verehrer des Rosenkranzes und unbefleckten Herzens Mariens waren:
am Eingang:
- rechts: ***Johannes Eudes***, Gründer der „Kongregation von Jesus und Maria“ (Eudisten) und der „Kongregation der Schwestern vom guten Hirten“
- links: ***König Stephan I. von Ungarn***, der sein Volk der Gottesmutter weihte

beim Chorraum:
- rechts: ***Dominikus Guzman***, Gründer der Dominikaner und *„Apostel des Rosenkranzes“*
- links: ***Antonius Maria Claret***, Gründer der „Missionare des Herzens Mariens“.

In den ersten Seitenkapellen (vom Chorraum aus) wurden die drei Seherkinder beigesetzt: in der rechten

Im Inneren der Basilika.

Francisco und in der linken Jacinta und Lucia. In der vierten Seitenkapelle links steht eine Nachbildung des Prager Jesulein, für das Prager Frauen die Kleider gestickt und ihren Schmuck für die Krone spendeten.

Das Mosaik auf dem Bogen zum Chorraum (aus den Vatikanischen Werkstätten, eine Spende von Katholiken aus Singapur) bittet Maria, die Königin des Rosenkranzes um ihre Fürsprache: *„Regina Sacratissimi Rosarii Fatimae ora pro nobis“*. Die Geheimnisse des Rosenkranzes sind Thema der vierzehn Seitenaltäre von Martinho de Brito; das 15. Geheimnis, die Krönung Mariens durch die Dreifaltigkeit, setzt über dem Hauptaltar in der Apsis das Bildprogramm der Basilika fort. Die Fensterbilder über den Seitenaltären und an den Galerien zeigen Anrufungen der Lauretanischen Litanei und die Erscheinungen von Fátima.

Von den ursprünglich zwei Sakristeien wurde die linke in die Josefskapelle umgewandelt (Zugang von der linken Außenseite der Basilika). Diese Kapelle, mit einer Statue des hl. Josef von Eduardo Nery, dient bevorzugt Gruppengottesdiensten, Taufen und Hochzeiten.

Blickfang der Kirche ist über dem Hauptaltar das Gemälde von João de Sousa Araújo (von ihm stammen auch die Entwürfe zu den Fenstern) über Fátima und seine Botschaft: Die Gottesmutter kommt im Lichtschein vom Himmel und bringt den drei Hirtenkindern die Botschaft, auf die sie der Friedensengel vorbereitet hatte. Maria nimmt die ganze Bildmitte ein, sie steht zwischen Himmel und Erde. Vor ihr knien der Engel des Friedens, die drei Kinder und Bischof da Silva unter ihrem Schutz. Auf der linken Seite erinnern die drei Engel an den Aufruf zu Buße, Sühne und Gebet und die Begegnung mit Christus in der Eucharistie. Stellvertretend für alle Menschen empfangen ihn die drei Kinder durch den Engel. Gegenüber stehen als Vertreter der universalen Kirche die Päpste Pius XII., der die Welt dem unbefleckten Herzen Mariens weihte, Johannes XXIII., der noch als Kardinal Fátima besuchte und Paul VI., der auf dem Zweiten Vatikanischen Konzil Maria den Ehrentitel *„Mutter der Kirche“* verlieh und als erster Papst nach Fátima pilgerte.

Damit ist das Bild eine Zusammenfassung der Erscheinungen von Fátima, es erzählt die Geschichte der Wallfahrt und fordert auf, den Ruf Fátimas weiterzutragen: von den drei Seherkindern zum Bischof als Vertreter der Ortskirche und in die ganze Welt durch die Päpste.

„Herr, unser Gott, du hast Maria, die Mutter deines Sohnes, auch uns zur Mutter gegeben. Gib, dass wir, durch ihre Ermahnungen belehrt, im Geist der Buße und des Gebetes der Ausbreitung des Reiches deines Sohnes mit noch größerem Eifer dienen, um die Welt zu erneuern. Darum bitten wir, durch Jesus Christus, deinen Sohn, unseren Herrn und Gott, der in der Einheit des Heiligen Geistes mit dir lebt und herrscht in alle Ewigkeit. Amen.“ (Tagesgebet zum 13. Mai, Gedenktag Unserer Lieben Frau von Fátima)

Die Kirche der Allerheiligsten Dreifaltigkeit (Igreia da Santissima Trindade)

Der Bau einer neuen Kirche wurde nötig, weil die alte Basilika viel zu klein ist, die ständig wachsende Zahl der Pilger aufzunehmen. An der Ausgestaltung der Kirche haben bekannte Künstler aus verschiedenen Ländern mitgewirkt. Der Neubau des griechischen Architekten Alexandros Tombazis wurde nach nur dreijähriger Bauzeit am 12. Oktober 2007 eingeweiht. Je nach Bedarf kann der Raum in zwei Bereiche abgetrennt werden. Über ein Computer gesteuertes Lichtsystem wird der Innenraum beleuchtet, indem das Tageslicht mit künstlichem Licht kombiniert wird. Für 9.000 Gläubige sind im runden Hauptraum mit 125 Metern Durchmesser Plätze mit freier Sicht zum Altar vorhande; bis zu 100 Priester können konzelebrieren.

In einer feierlichen Zeremonie war am 6. Juni 2004, dem Hochfest der Dreifaltigkeit, der Grundstein gelegt worden. Er stammt vom Grab des Apostels Petrus in Rom und war ein Geschenk von Johannes Paul II. an Fátima. In doppelter Weise zeigt das zum einen die Wertschätzung des Papstes und gleichzeitig die tragende Rolle, die der Heilige Vater als Nachfolger

Der Innenraum der Dreifaltigkeitskirche.

des Petrus und oberster Hirte der Christenheit im *„Geheimnis von Fátima“* spielt. Der Stein ist sichtbar in einem Silberschrein unter dem Altar eingemauert.

Die Inszenierung der Zypriotin Maria Loizidou, die zum Haupteingang führt, erinnert mit dem Netz an die Apostel, die von Fischern zu Menschenfischern wurden und gleichzeitig an das Netz des Glaubens, in dem alle Menschen gehalten sind. Die Engel fordern uns auf: *„Venite adoremus“* – *„Vinde e adoremos“* – *„Kommt und betet an!“*

Dreizehn Tore aus Bronze führen in den Kirchenraum: außer im August fanden die Erscheinungen jeweils an einem Dreizehnten statt, und konkret verweisen die dreizehn Tore auf Jesus Christus und die zwölf Apostel, den Eckstein und die Fundamente der Kirche.

Das Haupttor von Pedro Calapes ist an der Stelle, wo seit 1950 ein 25 Meter hohes Metallkreuz stand, das heute vor der Cristo Rei Statue in Lissabon aufgestellt ist. Christus gewidmet, führt das Tor mit seiner Symbolik zu den drei göttlichen Personen, im Geheimnis der Dreifaltigkeit von Gottvater, Jesus Christus und Heiligem Geist. Die zwanzig Bronzeplatten zu beiden Seiten zeigen die Geheimnisse des freudenreichen, lichtreichen, schmerzhaften und glorreichen Rosenkranzes. Darunter wurden auf den Glaswänden von Kerry Jo Kelly aus Kanada vier biblische Sätze in jeweils 25 Sprachen eingraviert – Hinweis auf die Universalität der Kirche und der Pilger, die nach Fátima kommen:

- „*Die Gnade Jesu Christi, des Herrn, die Liebe Gottes (des Vaters) und die Gemeinschaft des Heiligen Geistes sei mit euch* (vgl. 2 Kor 1,2)."
- „*Die Himmel rühmen die Herrlichkeit Gottes, vom Werk seiner Hände kündet das Firmament* (Ps 19,2)."
- „*Hütet euch davor, einen von diesen Kleinen zu verachten! Denn ich sage euch: Ihre Engel im Himmel sehen stets das Angesicht meines himmlischen Vaters* (Mt 18,2)."
- „*Was ist der Mensch, dass du an ihn denkst, des Menschen Kind, dass du dich seiner annimmst* (Ps 8,4)."

Jedes der zwölf Seitenportale trägt den Namen eines Apostels und ein Wort der Heiligen Schrift, das auf seine Berufung hinweist:
auf der linken Seite (vom Mittelportal ausgehend):

- ***Petrus (Pedro)***: „*Du bist Petrus, und auf diesen Felsen werde ich meine Kirche bauen* (Mt 16,18)."
- ***Johannes (João)***: „*Frau, siehe, dein Sohn! Dann sagte er zu dem Jünger: Siehe deine Mutter* (Joh 19,26f)."
- ***Simon (Simão)***: „*Kommt her, folgt mir nach! Ich werde euch zu Menschenfischern machen* (Mk 1,17)."
- ***Jakobus der Jüngere (Tiago menor)***: „*Geht hinaus in die ganze Welt, und verkündet das Evangelium allen Geschöpfen* (Mt 16,15)."
- ***Matthäus (Mateus)***: „*Folge mir nach! Und er folgte ihm nach* (Mt 9,9)."

- ***Philippus (Filipe)***: „*Herr, zeig uns den Vater; das genügt uns* (Joh 14,8)."

auf der rechten Seite (vom Mittelportal ausgehend):

- ***Jakobus der Ältere (Tiago maior)***: „*Und sogleich verließen sie das Boot und ihren Vater und folgten Jesus nach* (Mt 4,21f)."
- ***Andreas (André)***: „*Wir haben den Messias gefunden. Und sie gingen und folgten Jesus nach* (Joh 1,41)."
- ***Bartholomäus (Bartolomeu)***: „*Du bist der Sohn Gottes, du bist der König von Israel* (Joh 1,49)."
- ***Thomas (Tomé)***: „*Weil du mich gesehen hast, glaubst du. Selig sind, die nicht sehen und doch glauben* (Joh 20,29)."
- ***Judas Thaddäus (Judas Tadeu)***: „*Wenn jemand mich liebt, wird er an meinem Wort festhalten* (Joh 14,23)."
- ***Matthias (Matias)***: „*Das Los fiel auf Matthias, und er wurde den elf Aposteln zugerechnet* (Apg 1,26)."

Im Inneren der Dreifaltigkeitskirche wird der Blick auf das 500 Quadratmeter große Altarbild gelenkt, ein Mosaik aus Gold und Terrakotta, das der Jesuitenpater Marko Ivan Rupnik mit zwanzig internationalen Künstlern geschaffen hat. Thema ist die neue Welt Gottes, wie sie das 21. und 22. Kapitel der Geheimen Offenbarung des Johannes schildert. Das 7,5 Meter hohe Bronzekreuz im Altarraum entwarf die Irin Catherine Green, die Statue Unserer Lieben Frau von Fatima aus Carrara-Marmor der Italiener Benedetto Pietragrande: hervorgehoben sind Herz und Rosenkranz, Hinweis auf zwei Grundelemente der Marienverehrung.

„Heiligste Dreifaltigkeit, Vater, Sohn und Heiliger Geist, in tiefster Ehrfurcht bete ich dich an und opfere dir auf den kostbaren Leib und das Blut, die Seele und die

Gottheit Jesu Christi, gegenwärtig in allen Tabernakeln der Erde, zur Wiedergutmachung für alle Schmähungen, Sakrilegien und Gleichgültigkeiten, durch die er selbst beleidigt wird. Durch die unendlichen Verdienste seines heiligsten Herzens und des unbefleckten Herzens Mariens bitte ich dich um die Bekehrung der armen Sünder."

Im Untergrund vor der Dreifaltigkeitskirche wurden mehrere Kapellen für die Anbetung des Allerheiligsten und den Empfang des Bußsakraments gebaut.

Die Beichtkapelle (Capela da Reconciliação)

Für den Empfang des Bußsakraments stehen 48 Beichtplätze in drei Kapellen zur Verfügung:
- die Kapelle des heiligen Herzens Jesu (Capela do Sagrado Coraçao de Jesus)
- die Kapelle des unbefleckten Herzens Mariens (Capela do Imacolado Coraçao de Maria)
- die Kapelle der Auferstehung Jesu (Capela de Ressureiçao de Jesus)

In siebzehn verschiedenen Sprachen spenden Priester das Sakrament der Versöhnung.

Die Emaille-Mosaikdarstellungen von Petrus und Paulus im Eingangsbereich stammt von Alvaro Siza Vieira aus Portugal.

Die Anbetungskapelle (Capela do Santissimo Sacramento)

Seit 1960 sorgen die Schwestern Unserer Lieben Frau von den Schmerzen dafür, dass im Heiligtum Tag und Nacht die Anbetung der Eucharistie gepflegt wird (zunächst in der Anbetungskapelle im Haus Unserer Lieben Frau vom Berg Karmel). Mit Fertigstellung der

Dreifaltigkeitskirche wurde die Anbetung in die neue Kapelle verlegt. Als Ort der Ruhe lädt die Anbetungskapelle zur Verehrung des Allerheiligsten ein und weist auf Jesus, der für die Schuld der Menschen gestorben ist. Die Anbetung der Eucharistie ist ein Bekenntnis zur realen Anwesenheit Jesu Christi in den eucharistischen Gestalten und zum Glauben an deren sündenvergebende Kraft. Die Sakramente der Buße und der Eucharistie sind der Weg zur wirklichen Heilung des Menschen.

„Mein Gott, ich glaube an dich, ich bete dich an, ich hoffe auf dich und ich liebe dich. Ich bitte dich um Verzeihung für jene, die an dich nicht glauben, dich nicht anbeten, auf dich nicht hoffen und dich nicht lieben."

Die ehemalige Krankenherberge, das Haus Unserer Lieben Frau von den Schmerzen (Casa de Retidos das Dores)

Auch wenn in Fátima die seelische Heilung im Vordergrund steht, nehmen die Kranken einen zentralen Platz im Heiligtum ein. Sie sollen überall freien Zugang haben und die notwendigen Hilfestellungen während ihrer Wallfahrt erhalten.

Hinter der Erscheinungskapelle entstand bereits 1924 die Krankenherberge Unserer Lieben Frau von den Schmerzen, die später zum Krankenhaus ausgebaut wurde, wo kranke Pilger unentgeltlich aufgenommen und betreut wurden. Zur Unterstützung der Kranken wurde auf Initiative von Bischof da Silva die Gemeinschaft der *„Serviten der Jungfrau Maria von Fatima"* gegründet, die *„Servitas"* (erkennbar am hellblauen Emaille-Stern). Heute dient das Haus der Unterbringung von Pilgergruppen und für Exerzitien.

Das Sonnenwunder-Glasfenster in der ehemaligen Krankenherberge.

Die Kapelle Unserer Lieben Frau von den Schmerzen (Capela Na. Sa. das Dores) zeigt über dem Altar die Erscheinung Marias in der Cova da Iria und hinten ein Glasfenster von Giovani Leracio mit dem Sonnenwunder. Eine Ikone von Unserer Lieben Frau vom unbefleckten Herzen (Imaculada Coração de Maria) wurde von der Russin Ludmila Tchernetsova für die gleichnamige Kapelle geschaffen. Für das persönliche Gebet oder kleinere Gruppen kann die Kapelle der heiligen Engel genutzt werden (Capela dos Santos Anjos).

Im Gebäude des ehemaligen Krankenhauses sind ferner das Sekretariat der Bewegungen der *„Botschaft von Fátima“* (SEDO) und ein Informationsbüro für die Pilger untergebracht. Neben dem Gebäude können die Pilger ihre Kerzen anzünden oder ihre wächsernen Opfergaben ins Feuer werfen. Das geschmolzene Wachs wird dann für neue Kerzen verwendet.

Das Haus Unserer Lieben Frau vom Berg Karmel mit dem Rektorat des Heiligtums (Casa de Na. Sa. do Carmo)

Gegenüber der Casa das Dores, unmittelbar an die rechte Seite den Kolonnaden angeschlossen, steht seit 1947 das Haus Unserer Lieben Frau vom Berg Karmel. Die Namen dieses Gebäudes und des Krankenhauses gehen zurück auf die letzte Erscheinung im Oktober 1917, wo sich Maria als Schmerzensmutter und als Unsere liebe Frau vom Berg Karmel zeigte. Im Haus Karmel können 250 Pilger während ihrer Wallfahrt untergebracht werden. Dort wohnten auch die Päpste Paul VI. und Johannes Paul II. Die beiden Hauskapellen sind dem Heiligen Geist und Maria geweiht.

Die Kapelle der immerwährenden Anbetung ist eine Stiftung des Rosenkranz-Sühnekreuzzugs für den Frieden der Welt. Die beiden Glasfenster von Orlando Sá Nogueira deuten das Geheimnis der Eucharistie in der Mannaspende in der Wüste und dem letzten Abendmahl.

Daneben beherbergt das Haus das Rektorat des Heiligtums (Reitoria) und verschiedene Dienste zur Unterstützung der Pilger:

- Verwaltung des Heiligtums (SEAD)
- Institut für Pastoral und Liturgie (SEPALI)
- Pilgerdienste (SEPE)
- Verwaltung für die Unterbringung im Heiligtum (SEAL)
- Archiv, Bibliothek, Dokumentation und Sammlungen des Heiligtums (SESDI)
- Messbestellungen

Die Ausstellung „Licht und Frieden“ (Luz e Paz)

Zu Beginn des Weges wird der Besucher durch einen dunklen Gang in die Zeit der Erscheinungen und des Ersten Weltkriegs zurückgeführt: *„Vom Krieg zum Frieden – aus der Nacht in den Tag hinein – aus der Finsternis zum Licht – „Solange ihr das Licht habt, glaubt an das Licht, damit ihr Kinder des Lichtes werdet* (Joh 12,36)“ lautet das Motto. Am Ende des Tunnels steht der Besucher vor der Landschaft Aljustrels mit dem Engel von Portugal, der zum Gebet einlädt. Eine Dia-Show vertieft die Thematik, ausgehend von den Zerstörungen des Krieges über die Engelserscheinungen zu den Botschaften der Gottesmutter.

Die Ausstellung in sechs Sälen schließt sich an mit einer Sammlung von Geschenken an die Madonna von Fátima: Jedes ist verbunden mit einer Lebens- und Glaubensgeschichte.

Saal 1: Geschenke an die Gottesmutter, darunter die Krone der portugiesischen Frauen zum Dank für die Verschonung im Zweiten Weltkrieg gestiftet, in die die Kugel eingearbeitet wurde, die Papst Johannes Paul II. beim Attentat vom 13. Mai 1981 schwer verletzte. Daneben liegt der Ring mit einem dunkelroten Stein und dem Bild der Madonna von Tschenstochau; Johannes Paul II. hatte den Ring der Madonna bei seinem Besuch im Jahr 2000 geschenkt: *„Dieser Ring mit dem Bild Unserer Lieben Frau und den Worten ‚Totus tuus‘ wurde mir von Kardinal Stefan Wyszynski in den ersten Tagen meines Pontifikats gegeben. Mit großer Freude schenke ich ihn unserer Lieben Frau von Fatima als Zeichen meiner tiefen Dankbarkeit für den Schutz, den sie mir gewährt hat.“*

Saal 2: Liturgische Gewänder, Kreuze, Schmuckstücke und persönliche Votivgaben wie Kerzen, Pokale, Kleidung.

Saal 3: Dokumentation über die Reisen der Fátima-Madonna durch die ganze Welt.

Saal 4: Rosenkränze, Kreuze und Medaillen, Zeugnisse für die Erfüllung der Bitte um das tägliche Rosenkranzgebet.

Saal 5 und 6: Weitere Geschenke und liturgische Geräte. Erinnerungen an die Papstbesuche in Fátima, darunter die goldenen Rosen der Päpste Paul VI. und Benedikt XVI.

Zum Ende der Ausstellung begegnet der Besucher Papst Johannes Paul II. und Schwester Lucia, die Hand in Hand gehen – die Geschichte von Fátima geht weiter …

„Mutter der Barmherzigkeit, dein Sohn hat uns berufen, so zu werden wie er selbst: Licht der Welt und Salz der Erde. Hilf uns mit deiner mächtigen Fürsprache, dass wir dieser erhabenen Berufung nie untreu werden, dass wir unserem Egoismus nicht nachgeben, noch den Schmeicheleien der Welt und den Verlockungen des Bösen. Maria, seit jeher unsere Mutter, werde nicht müde, uns zu ‚besuchen‘, uns zu trösten, uns zu stützen. Komm uns zu Hilfe und errette uns aus allen Gefahren, die uns drohen.“

(Papst Benedikt XVI. am 12. Mai 2010 in Fátima)

Die Berliner Mauer

Beim Seiteneingang hinter der Casa Na. Sa. do Carmo steht seit 1994 ein 3,60 Meter hohes Stück der Berliner Mauer – jener Mauer, die in der Nacht vom 12. auf den 13. August 1961 hochgezogen wurde und mit deren Abriss am 9. November 1989 begonnen wurde. Das Mauerstück soll an den Sturz der atheistischen Systeme erinnern, deren Überwindung die Gottesmutter versprochen hatte. Dieses Versprechen hat auch zu tun mit der Herrschaft des Nationalsozialismus in Deutschland, die in ihrer Folge zum Bau der Mauer führte. Schon im Jahr 1940, als Deutschland unter dem Hitler-Regime stand, schrieb Schwester Lucia nach Deutschland an den Bamberger Kirchenhistoriker Ludwig Fischer, den Gründer des deutschsprachigen „Boten von Fatima“: *„In meinen schwachen Gebeten vergesse ich Deutschland nicht; es wird noch zur Herde des Herrn zurückkehren. Dieser Augenblick nä-*

hert sich sehr, sehr langsam, doch einmal wird er kommen. Und die Herzen Jesu und Mariens werden dort mit Glanz herrschen." Und am selben Tag ging ein Brief Schwester Lucias an ihren Beichtvater: „*Während ich einige Stunden vor dem ausgesetzten Allerheiligsten verbrachte, betete ich in verschiedenen Anliegen und ganz besonders für Deutschland. Da geschah es in einigen Momenten inniger Vereinigung, dass ich in meiner Seele spürte und hörte: Deutschland wird zu meiner Herde zurückkehren, aber dieser Moment dauert lange. Er nähert sich – das ist sicher – aber langsam, sehr langsam. Im Brief an Dr. Fischer habe ich – aus Nächstenliebe und um ihn zu ermutigen – auf diese Verheißung des Herrn hingewiesen.*"

Zum Dank für den Eingriff Gottes in die Geschichte, der von Fátima ausging und zum Niedergang des Nationalsozialismus und zum gewaltfreien Fall des Kommunismus führte in einem wiedervereinten Deutschland, werden vor der Mauer Andachten und Gedenkfeiern gehalten: Dank für den Fall der Mauer und des Eisernen Vorhangs, mit der Bitte für ein christliches Europa und für den Frieden in der Welt. In das Gebet sind auch die Opfer der Mauer und die Toten aller Diktaturen eingeschlossen.

„Unsere Liebe Frau von Fátima, Königin des heiligen Rosenkranzes: bitte für uns, bitte für Deutschland.
Erzengel Michael, Schutzpatron Deutschlands – bitte für uns.
Hl. Bonifatius, Apostel der Deutschen – bitte für uns.
Hl. Petrus Canisius, zweiter Apostel Deutschlands – bitte für uns.
Hl. Franz von Sales – bitte für uns.
Hl. Gertrud von Helfta – bitte für uns.
Hl. Teresia Benedicta vom Kreuz – bitte für uns.

Ihr seligen Hirtenkinder Francisco und Jacinta – bittet für uns.
Schwester Lucia, du erwählte Tochter Mariens – bitte für uns, bitte für Deutschland.
All ihr Patrone Deutschlands und Europas – bittet für uns.“ (Wallfahrtsseelsorger Rudolf Atzert)

Das Denkmal für Bischof José Alves Correia da Silva

Die Statue wurde 2007 im Heiligtum aufgestellt. Von 1921 bis 1957 leitete Bischof da Silva die Diözese von Leiria-Fátima und begleitete die Entwicklung der Wallfahrt von ihren Anfängen an mit großer Hingabe. Er weihte als eine der ersten liturgischen Ereignisse den großen Pilgerkreuzweg ein, der mit zwei Meter hohen Granitkreuzen auf dreizehn Kilometern Länge von Reguengo (aus Richtung Batalha) nach Fátima führt; ein Weg, den noch heute zahlreiche Fußpilger auf ihrer letzten Etappe nach Fátima nutzen. In Fátima führt der Weg vorbei am Seminar der Steyler Missionare (Seminario Verbo Divino) zur Rotunda de Na. Sa. da Encarnaçao mit dem Pilgerdenkmal. 14. Station ist das große Kreuz neben der Dreifaltigkeitskirche.

Das Denkmal für Papst Pius XII.

Von den Spenden deutscher und niederländischer Christen wurde 1961 von Soares Branco das Denkmal für den Marien- und Fátima-Papst errichtet. Es zeigt Pius XII. in päpstlichem Ornat mit Tiara und Hirtenstab, die Hände einladend ausgebreitet.

Pius XII. war am 13. Mai 1917, dem Tag der ersten Marienerscheinung, in Rom zum Bischof geweiht worden, er vollzog die Weihe der Welt an Maria und führte das Fest vom unbefleckten Herzen Mariens für

Blick auf die alte Basilika.

die Weltkirche ein. Mehrmals wurde ihm im Vatikan ein Sonnenwunder zuteil, nachdem er 1950 *„ex cathedra"* das Dogma von der leiblichen Aufnahme Mariens in den Himmel verkündet hatte.

Das Denkmal für Papst Paul VI.

Anlässlich des Papstbesuches zum 50. Erscheinungsjubiläum wurde das Denkmal am 13. Mai 1967 aufgestellt: der Papst ist als Pilger, kniend beim Gebet dargestellt, *„als demütiger und gläubiger Pilger"*.

Das Denkmal für Papst Johannes Paul II.

Neben dem über 30 Meter hohen Stahl-Kreuz des Ravensburger Künstlers Robert Schad zeigt das Denkmal den betenden Papst in einer Statue des polnischen Künstlers Czeslaw Dzwigai als Pilger *„mit dem Rosenkranz in der Hand, den Namen Marias auf den Lippen und den Lobpreis des barmherzigen Gottes im Herzen"* (Johannes Paul II. am 12. Mai 1982). Die große Verehrung für die Madonna von Fátima bestätigte der

Papst in seinen drei Besuchen des Heiligtums (1982, 1991 und 2000) und in der Seligsprechung von Jacinta und Francisco. *„Das Attentat war für mich eine Mahnung, dass ich meine Augen nach Fátima richten soll."* (Papst Johannes Paul II.) Mehrfach weihte er seine Person und die Welt dem unbefleckten Herzen Mariens, eine Weihe, in die er Russland wie von der Gottesmutter gefordert, einschloss.

„O Maria, unsere Mutter und Königin. Du bist in Fátima erschienen und hast versprochen Russland zu bekehren, die Gottlosigkeit zu überwinden und der Welt den Frieden zu schenken, wenn die Menschen auf dich hören. Freudig weihe ich mich deinem unbefleckten Herzen. Gern will ich dein Eigen sein und durch dich ganz Jesus gehören. Lehre mich, Jesus immer mehr zu lieben, für ihn zu leben und zu wirken. Ich verspreche dir, täglich den Rosenkranz (oder wenigstens ein Gesätz) zu beten und dabei die Geheimnisse des Lebens Jesu zu betrachten. Auch will ich alle Opfer, die zur christlichen Erfüllung meiner täglichen Pflichten notwendig sind, im Geiste der Sühne auf mich nehmen für die Bekehrung der armen Sünder. Hilf mir, diesem Versprechen treu zu bleiben."

Das Pastoralzentrum Paul VI. (Centro Pastoral Paulo VI)

Papst Johannes Paul II. konnte am 13. Mai 1982 das Pastoralzentrum eröffnen als Ort pastoraler Studien zu den Herausforderungen der modernen Welt im Licht des Evangeliums und der Botschaft von Fátima. Zwei große Auditorien und mehrere Säle stehen für Konferenzen, Vorträge und Begegnungen zur Verfügung.

Der kleine oder ungarische Kreuzweg (Via Sacra, Caminho dos Pastorinhos, Calvário Húngaro)

„Denn Gott hat die Welt so sehr geliebt, dass er seinen einzigen Sohn hingab, damit jeder, der an ihn glaubt, nicht zugrunde geht, sondern das ewige Leben hat.“
(Joh 3,16)“

Vom südlichen Rondell (Rotunda de Santa Teresa de Ourém), unweit der Cova da Iria, führt über 2.400 Meter der ungarische Kreuzweg vorbei an den Valinhos hinauf auf den Loca do Cabeço mit dem Kalvarienberg. Es ist die Via Sacra, der Weg, den die Kinder mit ihren Schafen von Aljustrel zur Cova da Iria zurücklegten.

Seinen Namen verdankt der ungarische Kreuzweg den Spenden der Exilungarn, die nach einem Aufruf des ungarischen Priesters Elias Kordes aus der ganzen Welt eintrafen: *„Ungarn ist das Land der Gottesmutter und ihre Versprechen gelten auch für Ungarn. Es gibt keinen anderen Ausweg aus der Tragödie, in die uns der Zweite Weltkrieg hineingeführt hat, als sich der Gottesmutter anzuvertrauen. Ich bitte Unsere Liebe Frau von Fátima, unseren Kreuzweg zu segnen und auch das ganze ungarische Volk.“* Schon am 12. Mai 1964 wurden die vierzehn Stationen eingeweiht. Nach dem Plan von Ladislaus Marek wurden Bildstöcke aus weißem Kalkstein geschaffen, mit Reliefs der Kreuzwegstationen von Amélia Carvalheira da Silva, die schon Statuen für die alte Basilika gefertigt hatte.

1. Station: Jesus wird zum Tod verurteilt

Aus dem heiligen Evangelium nach Matthäus:

Pilatus sagte zu ihnen: „Was soll ich dann mit Jesus tun, den ihr den Messias nennt?“ Da schrien sie alle: „Ans Kreuz mit ihm!“ Er erwiderte: „Was für ein Verbrechen hat er begangen?“ Da schrien sie noch lauter: „Ans Kreuz mit ihm!“ Darauf ließ er Barabbas frei und gab den Befehl Jesus zu geißeln und zu kreuzigen (Mt 27,22-23.26).

Jesus sagt: „*Richtet nicht, dann werdet auch ihr nicht gerichtet werden. Urteilt nicht, dann werdet auch ihr nicht verurteilt werden*“ (Lk 6,37).

2. *Station: Jesus nimmt das Kreuz auf seine Schultern*

Aus dem heiligen Evangelium nach Matthäus:

Da nahmen die Soldaten des Statthalters Jesus, führten ihn in das Prätorium und versammelten die ganze Kohorte um ihn. Sie zogen ihn aus und legten ihm einen purpurroten Mantel um. Dann flochten sie einen Kranz aus Dornen: den setzten sie ihm auf und gaben ihm einen Stock in die rechte Hand. Sie fielen vor ihm auf die Knie und verhöhnten ihn, indem sie riefen: „Heil dir, König der Juden!“ Und sie spuckten ihn an, nahmen ihm den Stock wieder weg und schlugen ihn damit auf den Kopf. Nachdem sie so ihren Spott mit ihm getrieben hatten, nahmen sie ihm den Mantel ab und zogen ihm seine eigenen Kleider wieder an. Dann führten sie ihn hinaus, um ihn zu kreuzigen (Mt 27,27-31).

Jesus sagt: „*Wer mein Jünger sein will, der verleugne sich selbst, nehme sein Kreuz auf sich und folge mir nach*“ (Mt 16,24).

3. *Station: Jesus fällt zum ersten Mal unter dem Kreuz*

Aus dem Buch des Propheten Jesaia:

Aber er hat unsere Krankheit getragen und unsere Schmerzen auf sich geladen. Wir meinten, er sei von Gott geschlagen, von ihm getroffen und gebeugt. Doch er wurde durchbohrt wegen unserer Verbrechen, wegen un-

serer Sünden zermalmt. Zu unserem Heil lag die Strafe auf ihm, durch seine Wunden sind wir geheilt. Wir hatten uns alle verirrt wie Schafe, jeder ging für sich seinen Weg. Doch der Herr lud auf ihn die Schuld von uns allen (Jes 53,4-6).

Der Psalmist sagt: *„Sie stießen mich hart, sie wollten mich stürzen; der Herr aber hat mir geholfen. Er ist für mich zum Retter geworden“* (Ps 118,13-14).

4. Station: Jesus begegnet seiner Mutter

Aus dem hl. Evangelium nach Lukas:
„Simeon segnete sie und sagte zu Maria, der Mutter Jesu: „Dieser ist dazu bestimmt, dass in Israel viele durch ihn zu Fall kommen und viele aufgerichtet werden, und er wird ein Zeichen sein, dem widersprochen wird“ (Lk 2,34).

Simeon sagt zu Maria: *„Dadurch sollen die Gedanken vieler Menschen offenbar werden. Dir selbst aber wird ein Schwert durch die Seele dringen“* (Lk 2,35).

5. Station: Simon von Cyrene hilft Jesus das Kreuz tragen

Aus dem hl. Evangelium nach Matthäus:
Auf dem Weg trafen sie einen Mann aus Cyrene namens Simon; ihn zwangen sie, Jesus das Kreuz zu tragen (Mt 27,32).

Jesus sagt: *„Wer mein Jünger sein will, der verleugne sich selbst, nehme sein Kreuz auf sich und folge mir nach“* (Mt 16,34).

6. Station: Veronika reicht Jesus das Schweißtuch

Aus dem Buch des Propheten Jesaja:
Er hatte keine schöne und edle Gestalt, so dass wir ihn anschauen mochten. Er sah nicht so aus, dass wir Gefallen fanden an ihm. Er wurde verachtet und von den Menschen gemieden, ein Mann voller Schmerzen, mit

Krankheit vertraut, wie einer, vor dem man das Gesicht verhüllt (Jes 53,2-3).

Jesus sagt: „*Was ihr für einen meiner geringsten Brüder getan habt, das habt ihr mir getan*" (Mt 25,40).

7. Station: Jesus fällt zum zweiten Mal unter dem Kreuz

Aus dem 1. Petrusbrief:

Er hat keine Sünde begangen, und in seinem Mund war kein trügerisches Wort. Er wurde geschmäht, schmähte aber nicht; er litt, drohte aber nicht, sondern überließ seine Sache dem gerechten Richter. Er hat unsere Sünden mit einem Leib auf das Holz des Kreuzes getragen, damit wir tot seien für die Sünden und für die Gerechtigkeit leben. Durch seine Wunden seid ihr geheilt (1 Petr 2,23-24).

Jesus sagt: „*Wer sein Leben retten will, wird es verlieren; wer aber sein Leben um meinetwillen verliert, wird es gewinnen*" (Mt 16,25).

8. Station: Jesus begegnet den weinenden Frauen

Aus dem hl. Evangelium nach Lukas:

Es folgte eine große Menschenmenge, darunter auch Frauen, die um ihn klagten und weinten (Lk 23,27).

Jesus sagt: „*Ihr Frauen von Jerusalem, weint nicht über mich; weint über euch und eure Kinder! Denn es kommen Tage, da wird man sagen: Wohl den Frauen, die unfruchtbar sind, die nicht geboren und nicht gestillt haben. Denn wenn das mit dem grünen Holz geschieht, was wird dann erst mit dem dürren werden?*" (Lk 23,28-29.31).

9. Station: Jesus fällt zum dritten Mal unter dem Kreuz

Lesung aus dem Buch des Propheten Jesaja:

Er wurde misshandelt und niedergedrückt, aber er tat seinen Mund nicht auf. Wie ein Lamm, das man zum

Schlachten führt, und wie ein Schaf angesichts seiner Scherer, so tat er seinen Mund nicht auf. Durch Haft und Gericht wurde er dahingerafft, doch wen kümmerte sein Geschick? Er wurde vom Land der Lebenden abgeschnitten und wegen der Verbrechen seines Volkes zu Tode getroffen (Jes 53,7-8).

Jesus sagt: *„Euch aber muss es zuerst um das Reich Gottes und um seine Gerechtigkeit gehen; dann wird euch alles andere dazu gegeben"* (Mt 6,33).

10. Station: Jesus wird seiner Kleider beraubt

Aus dem hl. Evangelium nach Johannes:
Nachdem die Soldaten Jesus ans Kreuz geschlagen hatten, nahmen sie seine Kleider und machten vier Teile daraus, für jeden Soldaten einen. Sie nahmen auch sein Untergewand, das von oben her ganz durchgewebt und ohne Naht war. Sie sagten zueinander: „Wir wollen es nicht zerteilen, sondern darum losen, wem es gehören soll." So sollte sich das Schriftwort erfüllen: „Sie verteilten meine Kleider unter sich und warfen das Los um mein Gewand" (Joh 19,23-24).

Der Psalmist sagt: *„Was ist der Mensch, dass du an ihn denkst, des Menschen Kind, dass du dich seiner annimmst? Du hast ihn nur wenig geringer gemacht als Gott, hast ihn mit Herrlichkeit und Ehre gekrönt"* (Ps 8,5-6).

11. Station: Jesus wird ans Kreuz genagelt

Aus dem hl. Evangelium nach Lukas:
Sie kamen zur Schädelhöhe; dort kreuzigten sie Jesus und die Verbrecher, den einen rechts von ihm, den anderen links" (Lk 23,33).

Jesus sagt: *„Und wie Mose die Schlange in der Wüste erhöht hat, so muss der Menschensohn erhöht werden, damit jeder, der an ihn glaubt, in ihm das ewige Leben* *hat. Denn Gott hat die Welt so sehr geliebt, dass er seinen einzigen Sohn hingab, damit jeder, der an ihn glaubt, nicht zugrunde geht, sondern das ewige Leben hat. Denn Gott hat seinen Sohn nicht in die Welt gesandt, damit er die Welt richtet, sondern damit die Welt durch ihn gerettet wird"* (Joh 3,14-17).

12. Station: Jesus stirbt am Kreuz

V Wir beten dich an, Herr Jesus Christus, und preisen dich.
A Denn durch dein heiliges Kreuz hast du die Welt erlöst.

Aus dem hl. Evangelium nach Matthäus:
Von der sechsten bis zur neunten Stunde herrschte eine Finsternis im ganzen Land. Um die neunte Stunde rief Jesus laut: „Eli, Eli, lema sabachtani?" Das heißt: „Mein Gott, mein Gott, warum hast du mich verlassen?" Jesus schrie noch einmal laut auf. Dann hauchte er den Geist aus (Mt 27,45-46.50).

Jesus sagt: *„Und ich, wenn ich über die Erde erhöht bin, werde alle zu mir ziehen"* (Joh 12,32).

13. Station: Jesus wird vom Kreuz heruntergenommen

Aus dem hl. Evangelium nach Matthäus:
Auch viele Frauen waren dort und sahen von Weitem zu; sie waren Jesus seit der Zeit in Galiläa nachgefolgt und hatten ihm gedient. Gegen Abend kam ein reicher Mann aus Arimathäa namens Josef; auch er war ein Jünger Jesu. Er ging zu Pilatus und bat um den Leichnam Jesu. Da befahl Pilatus, ihm den Leichnam zu überlassen (Mt 27,55.57-58).

In den Klageliedern steht: *„Ihr alle, die ihr des Weges zieht, schaut doch und seht, ob ein Schmerz ist wie mein Schmerz, den man mir angetan"* (Klg 1,12).

14. Station: Jesus wird ins Grab gelegt

Aus dem hl. Evangelium nach Matthäus:

Josef nahm den Leichnam Jesu und hüllte ihn in ein reines Leinentuch. Dann legte er ihn in ein neues Grab, das er für sich selbst in einen Felsen hatte hauen lassen. Er wälzte einen großen Stein vor den Eingang des Grabes und ging weg. Auch Maria aus Magdala und die andere Maria waren dort; sie saßen dem Grab gegenüber (Mt 27,59-61).

Der Apostel Paulus sagt: *„Wir wollen euch über die Verstorbenen nicht in Unkenntnis lassen, damit ihr nicht trauert wie die anderen, die keine Hoffnung haben“* (1 Thess 4,13).

15. Station: Jesus ist Sieger über den Tod

Aus dem hl. Evangelium nach Lukas:

Am ersten Tag der Woche gingen die Frauen mit den wohlriechenden Salben, die sie zubereitet hatten, in aller Frühe zum Grab. Da sahen sie dass der Stein vom Grab weggewälzt war; sie gingen hinein, aber den Leichnam Jesu, des Herrn, fanden sie nicht. Während sie ratlos dastanden, traten zwei Männer in leuchtenden Gewändern zu ihnen. Die Frauen erschraken und blickten zu Boden. Die Männer aber sagten zu ihnen: „Was sucht ihr den Lebenden bei den Toten? Er ist nicht hier, sondern er ist auferstanden. Erinnert euch an das, was er euch gesagt hat, als er noch in Galiläa war“ (Lk 24,1-6).

Jesus sagt: *„Ich bin die Auferstehung und das Leben. Wer an mich glaubt, wird leben, auch wenn er stirbt, und jeder, der lebt und an mich glaubt, wird auf ewig nicht sterben“* (Joh 11,25-26).

Der Kalvarienberg (Calvário)

Am Kalvarienberg, einem Ort der Stille und Meditation wurde am 13. Oktober 1992 als 15. Station dem Kreuzweg die Auferstehung Jesu hinzugefügt, gestiftet für die „Auferstehung“ Ungarns vom Kommunismus nach seiner Befreiung. Über der Stephanuskapelle bietet sich von der Kreuzigungsgruppe ein Blick von der Cova da Iria bis nach Aljustrel, der Heimat der Seherkinder und hinüber nach Fátima, wo in der Pfarrkirche die Kinder getauft wurden.

Die Kapelle des hl. Stephan von Ungarn auf dem Kalvarienberg

Stephan ist der erste ungarische König und Nationalheiliger des Landes. Kurz vor seinem Tod im Jahr 1038 erklärte er sein Land zum *„Regnum Marianum“* und bot seine Krone der Gottesmutter dar. Im Oktober 1974 betete hier der ungarische Kardinal József Mindszenty zum Dank für seine Freilassung aus der amerikanischen Botschaft in Budapest und dem Ende einer fast zwanzig Jahre dauernden Verfolgung. Dies ist im Deckenmosaik der Stephanuskapelle dargestellt. Eingerahmt wird das Ereignis von den sieben Freuden Mariens:

- dem Gruß des Engels
- der Begegnung mit Elisabet
- der Geburt Jesu
- der Darbringung im Tempel
- der Wiederauffindung im Tempel
- der Aufnahme Mariens in den Himmel
- der Krönung Mariens.

Über dem Eingang steht im Zentrum des zweiten Deckenmosaiks die Gottesmutter mit den drei Hir-

Kapelle des hl. Stephan von Ungarn auf dem Kalvarienberg.

tenkindern, darüber die Dreifaltigkeit, symbolisiert durch die rechte Hand Gottvaters, Christus als Lamm Gottes und die Taube des Heiligen Geistes. Umgeben ist das Bild von den sieben Schmerzen Mariens:

- dem prophetischen Wort des Simeon
- der Flucht nach Ägypten
- dem Verlust des zwölfjährigen Jesus im Tempel
- der Begegnung Marias mit Jesus auf dem Kreuzweg
- der Kreuzigung und dem Sterben Jesu
- Maria mit ihrem toten Sohn auf dem Schoß
- dem verschlossenen Grab, hinter dem sich jedoch bereits die Strahlen der Ostersonne ankündigen.

Die Fenster zeigen ungarische Nationalheilige: König Stephan I., Matthias Corvinus, Gabriel (Gbor) Bethlen, Ladislaus, sel. Gisela, Elisabet, Adalbert, Emerich und Martin von Tours.

Valinhos: die Kapelle am Ort der vierten Marienerscheinung (Monumento dos Valinhos)

Das kleine Tal Valinhos liegt zwischen der 8. und 9. Kreuzwegstation, es ist der Ort der 4. Marienerscheinung am Nachmittag des 19. August 1917. Es ist die einzige Erscheinung, die nicht an einem 13. in der Cova da Iria stattfand, weil die Kinder am 13. August nicht kommen konnten, da sie im Gefängnis von Vila Nova da Ourém eingesperrt waren. Im Tal von Valinhos steht seit 1956 ein Kapellenbogen mit einer Statue der Gottesmutter.

Die Loca do Cabeço (auch: Loca do anjo – Ort der Engelserscheinung)

Zwischen der 10. und 11. Station zweigt der Weg ab zur Loca do Cabeço, wo im Frühjahr und Herbst 1916 der Engel erschienen war. Zwischen Olivenbäumen, Eichen und Kiefern steht eine Figurengruppe aus weißem Marmor: der Engel, der den Kindern die Kommunion reicht.

Die Seherkinder bei der Engelserscheinung am Loca do Cabeço.

Aljustrel, die Heimat der Seherkinder

Von der Loca do Cabeço erreicht der Weg in wenigen Minuten Aljustrel, einen Weiler mit einfachen Häusern. Die meisten Bewohner waren kleine Bauern und Landarbeiter, wie die Eltern von Lucia, Jacinta und Francisco. In Aljustrel besuchen die Pilger das **Haus der Familie Santos (Casa da Vidente Lúcia)**, in dem Lucia und ihre Geschwister geboren wurden, und wo sie die ersten vierzehn Jahre ihres Lebens wohnte. Nach dem Tod ihrer Schwester Maria dos Anjos, erbte Schwester Lucia das Haus und schenkte es der Wallfahrtsstätte. Kaum etwas hat sich seit der Zeit, als die Kinder dort unter Feigenbäumen spielten, verändert. An der Zisterne im Garten (Poco do arneiro – Engelsbrunnen) erschien ihnen im Sommer 1916 der Engel, woran eine Statue erinnert. An jenem Ort hatte auch Jacinta die Vision des Papstes, der in einem großen Haus kniete und betete, während er von draußen beschimpft und mit Steinen beworfen wurde. Deshalb betete Jacinta seither nach jedem Rosenkranz noch zusätzlich drei Ave Maria für den Heiligen Vater.

Neben Lucias Elternhaus gibt das **Ethnographische Museum (Casa Museu de Aljustrel)** in mehreren Räumen Einblick in das Landleben zu Beginn des 20. Jahrhunderts: wie in Aljustrel gelebt, gearbeitet und gefeiert wurde.

Am anderen Ende von Aljustrel steht das **Haus der Familie Marto (Casa dos Videntes Jacinta e Francisco)**, in dem Francisco und Jacinta geboren wurden und ihre Kindheit verbrachten. Dort war Francisco nach langer Krankheit am 4. April 1919 im Alter von elf Jahren an der spanischen Grippe gestorben.

Die Pfarrkirche Unserer Lieben Frau von den Sorgen (Na. Sa. dos Frazeres)

In der Dorfkirche wurden die Kinder getauft; die Marmorinschriften beim Taufstein am Eingang erinnern daran. Später waren die Drei oft hier zum Gottesdienst und persönlichem Gebet. Dabei erlebte Jacinta eine Marienerscheinung. Vor der Statue Unserer Lieben Frau vom Rosenkranz im rechten Querschiff betete Lucia vor ihrer ersten Beichte. Am Tag darauf feierte sie ihre Erstkommunion.

Gegenüber der Kirche markiert auf dem Friedhof eine Steinplatte die Stelle des Grabes, wo Francisco und später auch Jacinta vor ihrer Überführung in die alte Basilika bestattet waren.

Das Museum für sakrale Kunst im Seminar der Consolata Missionare (Missóes Consolata)

Das Missionsinstitut und die Schwesternkongregation Unser Lieben Frau der Consolata (= der Trösterin) wurde zu Beginn des 20. Jahrhunderts von Pater José Allamano gegründet. Die Missionare – Männer und Frauen – arbeiten heute in Europa, Afrika und auf dem amerikanischen Kontinent.

Das Museum vermittelt in sakralen Kunstgegenständen aus Portugal und den Missionsgebieten der Missionare einen Eindruck der Volkskunst und Frömmigkeit.

Dazu gehören die Themenbereiche rund um die Geburt Jesu und um sein Leiden und Sterben. Der Weg des Evangeliums in die ganze Welt und seine Inkulturation in den Kulturen und Religionen ist ein weiterer Schwerpunkt der ausgestellten Kunstwerke. Ein eigener Raum ist mit Bildern, persönlichen Ge-

genständen und Erinnerungsstücken den *„drei kleinen Hirten von Fátima“* gewidmet.

Das Wachsmuseum Fátima (Museu de Cera)

In über dreißig Bildern sind die wichtigsten Stationen der Geschichte der Wallfahrt von Fátima in Wachs nachgeformt: vom Ersten Weltkrieg bis zum *„Altar der Welt“* und den Besuchen von Papst Johannes Paul II.

Das Wachsmuseum über das Leben Jesu (Museu Vida de Cristo)

33 Szenen zeigen das Leben Jesu von der Verkündigung des Engels an Maria bis zu seiner Himmelfahrt.

Das Haus der „Blauen Armee“ und Unsere liebe Frau von Kazan (Exercito Azul; Domus Pacis)

Am Rande des Heiligtums ist mit seiner byzantinischen Kuppel das *„Domus Pacis“* (Haus des Friedens) leicht zu finden. Es ist Hotel und Hauptsitz des europäischen Zweigs der *„Blauen Armee“* (heute: *„Fátima-Weltapostolat Unserer Lieben Frau“*). Diese Organisation wurde von Pfarrer Harold Cogan 1947 von Amerika aus ins Leben gerufen als weltweite Gebetsgemeinschaft zur Verbreitung der Friedensbotschaft von Fátima. Heute hat die Gemeinschaft rund um die Erde über 22 Millionen Mitglieder, sie tragen das braune Skapulier als Zeichen ihrer Weihe an Maria.

„Oh Maria, unsere Mutter und Königin. Du bist in Fátima erschienen und hast versprochen, Russland zu bekehren und der Welt den Frieden zu geben, wenn die Menschen auf dich hören. Freudig weihe ich mich dei-

nem unbefleckten Herzen. Gern will ich dein Eigen sein und durch dich ganz Jesus gehören. Lehre mich, Jesus immer mehr zu lieben, für ihn zu leben und zu wirken. Ich verspreche dir, täglich den Rosenkranz (oder wenigsten ein Gesätz) zu beten und dabei die Geheimnisse des Lebens Jesu zu betrachten. Auch will ich alle Opfer, die zur christlichen Erfüllung meiner täglichen Pflichten notwendig sind, im Geiste der Sühne auf mich nehmen. Hilf mir, dieses Versprechen treu zu halten.“ (Weihegebet der „Blauen Armee“)

Ursprünglich wurde das *„Domus Pacis“* nahe der Cova da Iria gebaut als Kontaktstelle und Unterkunft für die Mitglieder der *„Blauen Armee“*. Die beiden Hauskapellen stehen für Gebete und Feiern im römisch katholischen oder uniert-orthodoxen Ritus zur Verfügung; täglich werden dort Gottesdienste gefeiert. Viele Jahre wurde in der byzantinischen Kapelle die berühmteste Ikone Russlands verehrt, die Ikone der Gottesmutter von Kazan (*„Kazanskaja“*), der Beschützerin Russlands. Möglicherweise kam die Ikone durch christliche Missionare nach Kazan, ca. tausend Kilometer östlich von Moskau an der Wolga; einst Zentrum des Tartarenreiches ist sie heute Hauptstadt der teilautonomen Republik Tatarstan.

Die auf Holz gemalte Ikone Marias mit dem stehenden Jesuskind im byzantinischen Stil stammt aus dem 12./13. Jahrhundert und ist vermutlich in Konstantinopel entstanden. Unter dem reich vergoldeten und mit Diamanten, Smaragden, Rubinen, Saphiren und Perlen geschmückten Silbermantel sind nur die Gesichter der Gottesmutter und des Kindes sichtbar.

Im Jahre 1579 wurde die Ikone nach einem verheerenden Brand unversehrt gerettet. Die russische Orthodoxie feiert bis heute den 8. Juli als *„Fest der Er-*

scheinung der Ikone der Gottesgebärerin in Kazan“. Über die Jahrhunderte beteten Generationen von Gläubigen vor diesem Bild, das eng mit der Geschichte des russischen Volkes verbunden ist.

Mehrmals half das Gebet um die Fürsprache der Gottesmutter von Kazan, Russland vor Gefahr, Krieg und Eroberung zu bewahren; die als wundertätig verehrte Ikone wurde zum Symbol für Russland, das russische Volk und die russisch-orthodoxe Kirche. So holte Zar Peter der Große sie 1721 in die neue Hauptstadt nach Petersburg, wo für sie die Kazanskaja-Kathedrale errichtet wurde, eine Nachbildung des Petersdoms. Zahlreiche Kirchen in ganz Russland wurden der Gottesmutter geweiht, so in Moskau, wo die Ikone bis 1904 verehrt wurde. In Moskau war schon 1636 auf dem Roten Platz die Kazanskaja-Kathedrale errichtet worden, die der Diktator Josef Stalin 1930 in die Luft sprengen ließ. Die Kathedrale in Petersburg, das mittlerweile in Leningrad umbenannt war, wurde zum *„Museum für Atheismus und Religion“*.

Vermutlich wurde die Ikone in den Vorwirren der Revolution gestohlen und in den Westen verkauft, wo sie mehrfach ihren Besitzer wechselte. Über Polen und Großbritannien kam sie schließlich in die USA, wo sie von der „Blauen Armee“ gekauft und nach Fátima in die neu erbaute byzantinische Kapelle des *„Domus Pacis“* gebracht wurde. Für die nächsten 23 Jahre hatte sie dort ihren festen Platz. 1993 wurde die Ikone Papst Johannes Paul II. anvertraut, der sie sobald als möglich der russisch-orthodoxen Kirche zurückgeben wollte, als ökumenisches Geschenk, das den gemeinsamen christlichen Glauben der beiden getrennten Kirchen im Gebet vereint.

Präsident Mikail Gorbatschow selbst erklärte, dass es für seine Politik des Glasnost und der Perestroika

Byzantinische Kapelle.

einen Vorläufer gebe, nämlich die Forderung des polnischen Papstes Johannes Paul II. bei seinem Amtsantritt, die menschenverachtenden Mauern abzureißen und die Grenzen zu öffnen. Und eben dieser russische Präsident erlaubte am Roten Platz genau an der Stelle der ehemaligen Kazanskaja-Kathedrale eine kleine Kirche zu errichten, die am 6. November 1990 als erster Kirchenneubau der Sowjetunion eingeweiht werden konnte. Der Zusammenbruch des Kommunismus, der mit der Wahl Johannes Paul II. begonnen hatte, war in vollem Gang.

Nachdem der Bürgermeister von Kazan, Kamill Ischakov den Wiederaufbau der zerstörten Kathedrale versprochen hatte, konnte 2004 Kardinal Walter Kaspar im Auftrag des Papstes die Ikone dem Moskauer Patriarchen überbringen, der sie ein Jahr später feierlich der wiedererstandenen Verkündigungskirche in Kazan übergab. Neben der Kathedrale steht die größte Mosche Europas, denn Kazan ist Zentrum des russischen Islam. So steht die Madonna von Kazan auch für die Rückkehr des christlichen Glaubens in die Region und das friedliche Miteinander von Christen und Muslimen.

Nach fast einem Jahrhundert Abwesenheit war die Ikone nach Russland zurückgekehrt, die kommunistische Herrschaft war zu Ende und Russland hat begonnen nach der langen Zeit des Atheismus sich zu bekehren. Der staatstragende Kommunismus gehört der Vergangenheit an, aber seine Ideen sind noch in der Welt verbreitet.

„Oh mächtige Schützerin, Mutter unseres Herrn Jesus Christus, bitte für uns bei Jesus, deinem Sohn. Führe uns zum Heil, die wir unsere Zuflucht suchen unter deinem Schutz. Beschütze uns, oh Königin und wunderbare Frau. Wir, die wir den Gefahren ausgesetzt sind, der Trauer und Krankheit, wir, die wir uns schuldig gemacht haben vieler Vergehen: Wir stehen in Tränen vor deinem reinen Bild und bitten dich, erhöre uns. Wir setzen auf dich unsere Hoffnung, befreie uns von jeglichem Übel durch deine Fürsprache. Erbitte, oh gütigste Jungfrau, einem jeden, was gut für ihn ist, und errette uns alle, denn du bist die Beschützerin von allen, die dir dienen.“

(Gebet Unserer Lieben Frau von Kazan)

Wer eine Pilgerreise nach Portugal unternimmt, hat auch Interesse daran, einiges vom Land und seinen Bewohnern zu erfahren. So sollen hier Orte berücksichtigt werden, die von Fátima aus in Tages- oder Halbtagesausflügen besucht werden können. Allerorts stößt der Besucher auf Zeugnisse der großen Vergangenheit des Landes und seiner Glaubensgeschichte, in der seit Jahrhunderten die Marienfrömmigkeit fest verankert ist.

Saudade – die besondere Gefühlswelt Portugals

„Hier ist der Ort, an den dereinst König Pedro kam,
um heimlich seine Leiden zu besingen.
Und für die Bitternisse, die er hier erlitt,
und für die Freuden gefiel es ihm,
den Namen ‚Saudade' zu erfinden.
Ein zauberhafter Name – Saudade!
Verbunden mit der Freiheit –
Was ist das doch für ein zärtlicher Name!
Ein Name, so einzigartig voller Zauber!
Ein Name, den man im Herzen liest …" (José Augusto Teixeira im Jahr 1860)

Dieses Gedicht, verewigt auf einem Gedenkstein im Saudade-Garten von Coimbra, gibt einen wichtigen Wesenszug der Portugiesen wieder, eine Vereinigung von Gegensätzen, eigentlich undefinierbar – eben *„Saudade"*! Allerorts ist *„Saudade"* spürbar, sie ist Ausdruck von Gefühlen und bringt stark empfundene Erlebnisse in Erinnerung, wenn der Portugiese zurückdenkt *„bis zu seiner Wiege, zu der Zeit seiner Geburt"* (José Augusto Teixeira).

„Saudade" ist Glücksgefühl und Trauer in einem: Freude über das,

was einmal war und Schmerz darüber, dass es vorbei ist. *„Ich habe ‚Saudade' von dir"* – oft geschrieben am Ende von Briefen: Ich bin glücklich, dass es dich gibt und traurig darüber, dass du nicht da bist. Die tragisch-schöne Liebesgeschichte von König Pedro und Inês de Castro ist *„Saudade"*.

Der Nationaldichter Luis de Camões hat sie niedergeschrieben und jeder Portugiese kennt die Geschichte und leidet mit – so, als ob er selbst betroffen wäre. In die Kunst der Manuelinik fließt *„Saudade"* ein: Erfahrungen aus der Zeit der Seefahrer und Entdecker sind verarbeitet und verewigen so die großen Leistungen der Vergangenheit und vergegenwärtigen sie.

Typisch sind die traditionellen Tänze und Lieder, allen voran der Fado, die wehmütigen Schicksalsgesänge. Sie erzählen von Liebesgeschichten mit glücklichem und leidvollem Ausgang, von den vielfältigen Erfahrungen und Gefühlen menschlichen Lebens zu allen Zeiten. Sie geben die jeweiligen Stimmungen der Sänger wieder und machen Mut, sich der Gegenwart zu stellen und seine eigene *„Saudade"* zu pflegen.

Ein Gefühl von *„Saudade"* liegt auch über dem Platz von Fátima, wenn die Gläubigen am 13. eines Monats nach den Feierlichkeiten mit großer Emotionalität und inniger Frömmigkeit den *„Adeus"*, das Abschiedslied, singen, und sie dabei mit ihren weißen Tüchern der Madonna entgegen winken – mit der Bitte, in ihren Herzen lebendig zu bleiben und in der Hoffnung auf ein Wiedersehen.

Portugal kennenzulernen bedeutet immer auch, *„Saudade"* zu erspüren und sich in dieses besondere Lebensgefühl hineinziehen zu lassen.

Blick auf Lissabon.

Die Hauptstadt Lissabon

Ein Großteil der Pilger kommt mit dem Flugzeug nach Lissabon und besucht am Anfang oder Ende der Wallfahrt auch die Landeshauptstadt.

Der Tejo-Fluss ist die Lebensader Lissabons, Symbol für den portugiesischen Drang zum Meer und die Lust, immer Neues zu wagen und zu entdecken. Schon vor mehr als 3.000 Jahren sind phönizische Ansiedlungen dort belegt, wo der Tejo in seiner Mündung zum Atlantik einen geschützten Naturhafen bildet. Die Siedlung wurde Olisbona genannt. In Anlehnung an die Lautähnlichkeit, schreibt die Legende die Gründung der Stadt dem griechischen Helden Odysseus zu. Der Hafen machte Lissabon im Laufe der Geschichte zur bedeutenden Seehandelsmetropole. König Afonso III. (1210–1279) verlegte die

Hauptstadt des Landes von Coimbra nach Lissabon, Portugal stieg zur führenden Seemacht auf.

Der Niedergang der Stadt begann am 1. November 1755, als ein heftiges Erdbeben mehr als zwei Drittel der Stadt zerstörte und über 60.000 Menschen allein in Lissabon den Tod fanden.

Einzig die Alfama mit ihren verwinkelten Gassen, die in der maurischen Zeit entstanden war, überstand das Erdbeben weitgehend unbeschadet, da sie auf Fels gebaut ist. Unter dem Markgrafen von Pombal wurde die Stadt systematisch wiederaufgebaut, und diese Baumaßnahmen des 18. Jahrhunderts prägen bis heute das Stadtbild, vor allem das Altstadtzentrum, die Baixa, im rechtwinkligen Straßengitter rund um die Rua Augusta mit engen Gassen und Azulejos geschmückten Fassaden (Azulejo stammt vom Arabischen *„al zuleiq"*, kleiner, polierter Stein, und bezeichnet gemalte Keramikfliesen).

Lissabon ist heute mit über 700.000 Einwohnern (mit den Vororten über drei Millionen) die größte Stadt Portugals, sein wichtigster Hafen, Regierungssitz, wirtschaftliches und kulturelles Zentrum des Landes.

Zu Anfang des Stadtrundgangs lohnt es sich, durch die **Alfama** zum höchsten Punkt der Stadt zu wandern, zur ausgedehnten Burganlage, dem **Castelo São Jorge**. Die ältesten Teile gehen auf die Zeit der Westgoten und Mauren zurück. Der Überlieferung nach hatte 1147 ein christlicher Ritter namens Martin mit seinem Körper ein Tor aufgehalten, damit die Christen in die Burg eindringen und die Mauren vertreiben konnten. Dann war über Jahrhunderte die Burg Sitz der portugiesischen Könige und diente der Verteidigung der Stadt. Beim großen Erdbeben schwer beschädigt, wurde sie wieder aufgebaut, spielte jedoch für die Verteidigung der Stadt keine Rolle mehr. Von der Burg bietet sich ein einzigartiger Blick auf die Stadt und den Tejo-Fluss.

Den oberen und unteren Bereich der Alfama verbindet der **Elevador**, ein riesiger Fahrstuhl (Elevador do Carmo; manchmal werden die Straßenbahn ähnlichen Standseilbahnen Lissabons auch als *„elevador“* bezeichnet), den Gustave Eiffel, der Erbauer des Eiffelturms entworfen und erbaut hat.

Nahe dem oberen Ausgang des Fahrstuhls liegt das ehemalige **Karmeliterkloster** mit den Ruinen der gotischen Klosterkirche (Igreia do Carmo) aus dem 14. Jahrhundert. Das Kloster ist eine Gründung des hl. Nuno Alvares Pereira. Dort verbrachte er seine letzten Lebensjahre als einfacher Laienbruder. Er wurde in der Klosterkirche beigesetzt. Nach den starken Beschädigungen von 1755 wurde das Kloster nicht wieder aufgebaut. In den Mauern der Kirchenruine ist das archäologische Museum der Stadt untergebracht.

Am Rande der Alfama liegt die Hauptkirche der Stadt, die Marienkathedrale **Sé Patriarchal** (oder Sé de Lisboa). Die portugiesische Bezeichnung *„Sé“* für eine Bischofskirche stammt von der lateinischen Bezeichnung *„sedis episcopalis“* für den Bischofsstuhl, die Kathedra. *„Patriarchal“* verweist auf den Ehrentitel des Patriarchen, den der Bischof von Lissabon traditionell führt. Die Kathedrale ist die älteste Kirche der Stadt, erbaut über einer ehemaligen Moschee aus der Maurenzeit. Seit Baubeginn im Jahre 1147 wurde die Kirche mehrfach umgebaut und erweitert und vereint so in ihrer Bausubstanz und Ausstattung Stilepochen von der Romanik bis zum Barock. Mehrere Erdbeben überstand sie fast unbeschadet. 1380 entstand die mächtige Westfassade im romanischen Stil, der später zwei Zinnen gekrönte Türme angefügt wurden und

Blick vom Castello Sao Jorge auf Lissabon.

im 18. Jahrhundert noch das Rosettenfenster. Der dreischiffige Innenraum liegt im mystischen Dunkel und entstand im Übergang zur Gotik.

Im romanischen Taufbecken (in der Kapelle links vom Haupteingang) wurde 1195 der hl. Antonius getauft. In der Sakristei (Eingang über das rechte Seitenschiff) befinden sich in einem kostbaren Silberreliquiar die Gebeine des Stadtpatrons Vincenz.

Vinzenz von Saragossa starb 304 im spanischen Valencia den Märtyrertod. Nach verschiedenen Stationen wurde sein Leichnam in einer Kapelle an der Südwestspitze Portugals bestattet, beim heutigen Cabo de Vicente in der Algarve. Als König Afonso Henriques nach der Vertreibung der Mauren den Leichnam suchte, zeigten ihm zwei Raben das Grab. Sie begleiteten die Überführung des Leichnams mit dem Schiff nach Lissabon; so haben die beiden Raben und das Schiff Eingang in das Stadtwappen Lissabons gefunden.

Sehenswert sind im Weiteren die gotischen Kapellen des Chorumgangs mit den Grabmälern aus der gleichen Epoche.

Nur einige Meter unter der Kathedrale liegt die barocke **Kirche des hl. Antonius** (Igreia de Santo António de Lisboa), erbaut über dem Wohnhaus des Heiligen, der besser bekannt ist als hl. Antonius von Padua.

Antonius, eigentlich Fernando de Bulhões, wurde als Sohn einer adeligen Familie 1195 in Lissabon geboren (in der Krypta der Kirche ist diese Stelle markiert). Schon als Kind fiel er durch seine außerordentliche Frömmigkeit auf und entgegen der für ihn vorgesehenen ritterlichen Laufbahn, entschloss er sich, Priester zu werden. Er trat den Augustinerchorherrn bei und studierte mit großem Eifer in Coimbra Theologie. Dort kam er in Kontakt mit Franziskanern auf ihrem Weg nach Marokko. Fasziniert von ihrem Glaubenseifer bat er um Aufnahme in den Orden des hl. Franziskus und nannte sich fortan Antonius. Seine Missionsreisen führten ihn über Marokko nach Assisi, wo er dem hl. Franziskus begegnete, der ihn als ersten Priester in seinen Orden aufnahm. Der hochgebildete Antonius wurde zur Seelsorge und Predigt nach Norditalien gesandt, wo sich verschiedene Irrlehren ausgebreitet hatten. Mittelpunkt seiner Tätigkeit wurde Padua, wo er die Menschen seelsorglich betreute, sie im christlichen Glauben unterwies und vor Willkürakten der Herrscher schützte. Wegen seiner großen Kenntnis der Heiligen Schrift und der Kirchenväter nannte ihn der Papst seinen *„Doctor evangelicus“*. Am 13. Juni 1232 starb Antonius und wurde schon ein Jahr nach seinem Tod heilig gesprochen. Als einer der meist verehrten Heiligen wird er als Beschützer der Kinder, ungerecht Verfolgter, Vergesslicher und als Patron der Liebenden und einer der Stadtpatrone Lissabons verehrt.

Im 16. Jahrhundert wurde die kleine Kapelle über seinem Geburtshaus umgebaut und mehrfach erweitert. Aus der Zeit vor dem großen Erdbeben existiert nur mehr der Altarraum; die Kirche wurde dann im Stil des Hochbarock von Mateus Vicente de Oliveira wieder aufgebaut. Von der linken Seite des Kirchenraums führt ein Gang in die Sakristei mit Azulejos aus dem 18. Jahrhundert, und hinab in die Krypta mit den Überresten des ehemaligen Wohnhauses.

Auf dem kleinen Platz vor der Kirche steht eine Statue des Heiligen von Soares Branco, die Johannes Paul II. bei seinem Besuch im Mai 1982 einweihte. Das kleine Museum links von der Kirche (Museu Antoniano) enthält Statuen, Bilder, Votivgaben und Handschriften über das Leben und die Verehrung des hl. Antonius.

Ein portugiesisches Sprichwort charakterisiert die bedeutendsten Städte Portugals: *„In Porto wird gearbeitet, in Coimbra studiert, in Braga und Fátima gebetet und in Lissabon gelebt und gefeiert.“*

Vor allem der Juni bestätigt dieses Sprichwort für Lissabon, wenn zahlreiche Stadtfeste veranstaltet werden. Das bekannteste ist das Antoniusfest am 13. Juni, das zu Ehren des Heiligen in ganz Portugal begangen wird. Schon am Vorabend beginnt in Lissabon das Fest mit einer großen Hochzeitsfeier in der Kathedrale: Sechzehn bedürftigen Paaren richtet die Stadt eine Hochzeitsfeier aus, in Erinnerung an den hl. Antonius, der armen Mädchen zu einer Aussteuer verholfen hat. Am Abend wird dann die Stadt mit Laternen und Girlanden geschmückt, Tanzwettbewerbe und ausgelassene Feiern im Namen des Heiligen veranstaltet, die die ganze Nacht über andauern. Der 13. Juni gehört den kirchlichen Feiern. Viele kommen zur Antoniuskirche, um dabei zu sein, wenn vom Hochaltar aus die Statue des Heiligen durch die Straßen der Stadt getragen wird.

Der Turm von Belem gilt als Wahrzeichen Lissabons.

Eine der großen Sehenswürdigkeiten Lissabons ist das **Hieronymus-Kloster** (Mosteiro dos Jeronimos; zusammen mit dem Turm von Belém UNESCO-Weltkulturerbe), in dem der manuelinische Stil seinen Höhepunkt erreicht. Im Gebäude des ehemaligen Klosters ist heute das Nationalmuseum für Archäologie und Ethnologie untergebracht. Hier wurden 2007 die Grundlagenverträge (Verträge von Lissabon) der Europäischen Union unterzeichnet.

König Manuel I. (1495 – 1521) ließ 1499 als Dank für die Entdeckung des Seewegs nach Indien den Grundstein für das Kloster legen. Dort stand bereits eine kleine Marienkapelle, die Heinrich der Seefahrer als Andachtsstätte für die Seeleute gestiftet hatte (eine Statue Heinrichs ist in das Südportal eingearbeitet). Zu Ehren der Gottesmutter hat er ihr den Namen Na. Sa. de Belém (Unsere Liebe Frau von Betlehem) gegeben. Manuel I. vertraute das Kloster dem Orden des hl. Hieronymus an, der es bis zur Auflösung und Verstaatlichung 1834 betreute. Künstler aus Portugal, Spanien und Frankreich arbeiteten fast sieben Jahrzehnte an der Fertigstellung des Baus, der bedeutendste war

João de Castilho. Die Architektur entspricht weitgehend dem gotischen Stil, die Ausgestaltung des Chorraums lässt bereits die Renaissance anklingen, während in den dekorativen Elementen Höhepunkte der Manuelinik geschaffen wurden, Erinnerung an die große Zeit der Seefahrt und Ausdruck portugiesischen Selbstbewusstseins. Berühmteste Zeugnisse sind der doppelstöckige Kreuzgang, der zu den schönsten der Welt zählt und die Portale der Klosterkirche.

Die Klosterkirche wurde der Gottesmutter Maria geweiht (Na. Sa. de Belém oder Santa Maria) und hat eine Länge von fast hundert Metern. Die Decke ist ganz mit einem mächtigen gotischen Netzgewölbe überzogen. Im Chorraum und dem Querschiff stehen die Sarkophage von Königen und Mitgliedern des Hauses Avis. Die meistbesuchten Grabstätten sind im Langschiff (links vom Westportal) der Sarkophag des Entdeckers Vasco da Gama (1469–1524) und (rechts vom Westportal) der Kenotaph für den in der Alfama an der Pest gestorbenen Nationaldichters Luis de Camões (1525–1580).

Dem Hieronymus-Kloster gegenüber liegen der Turm von Belém (Torre de Belém) und das Denkmal der Entdeckungen.

Der 35 Meter hohe spätgotisch-manuelinische **Turm von Belém** wurde ebenfalls unter Manuel I. auf einer Insel des Tejo als Wachturm und zur Begrüßung der einfahrenden Schiffe gebaut. Er sollte Teil einer Festungsanlage werden, die an beiden Ufern den Fluss kontrollierte. Später wurde der Turm als Gefängnis und Zollstation genutzt; heute gilt er als eines der Wahrzeichen Lissabons. Durch die Versandung des Flusses nach der großen Flutwelle infolge des Erdbebens, steht der Turm seither am Ufer und ist über eine kleine Brücke zu erreichen. Die Zinnen tragen das Kreuz der Christusritter. Auf der Terrasse steht unter einem Baldachin die Statue Unserer Lieben Frau vom guten Gelingen (Na. Sa. do bom Successo).

In den weitläufigen Parkanlagen rund um den Turm erinnert eine Flugzeugnachbildung an den ersten erfolgreichen Transatlantikflug im Jahr 1922 von Lissabon nach Rio de Janeiro.

Das **Denkmal der Entdeckungen** (Padrão dos Descobrimentos) steht seit 1960 am Tejo – 500 Jahre nach dem Tod Heinrich des Seefahrers an der Stelle errichtet, von der Vasco da Gama 1497 zu seiner ersten Indienfahrt aufbrach, und an der er zwei Jahre später bei seiner Rückkehr mit Jubel empfangen wurde.

Das 52 Meter hohe Denkmal hat die Form des Bugs einer Karavelle, eines Schifftyps, der von den Portugiesen erfunden wurde und die Weltmeere eroberte. Unter dem Mast mit den gesetzten Segeln steht Heinrich der Seefahrer mit einem Schiff und der Weltkarte in Händen. Er führt die Prozession von je 16 Entdeckern und Seefahrern an, darunter Vasco da Gama, der Entdecker des Seewegs nach Indien, der

Denkmal der Entdeckungen im Hafen von Lissabon.

Die Ponte de 25 Abril überspannt den Tejo.

Weltumsegler Ferdinand Magellan und Bartolomeu Dias, der als erster das Kap der Guten Hoffnung umsegelte. Vor dem Denkmal zeigt im Marmorpflaster eine Intarsienarbeit eine große Weltkarte mit portugiesischen Entdeckungen des 15. und 16. Jahrhunderts.

Von der Aussichtsplattform des Denkmals ist eines der neuen Wahrzeichen Lissabons zu sehen, die ehemalige Salazar-Brücke, die seit der Revolution vom 25. April 1974 **„Ponte de 25 Abril"** heißt. Die *„Ponte"*, wie sie von den Bewohnern nur genannt wird, verbindet seit 1966 Lissabon mit dem Stadtteil Almada am Südufer des Tejo. Auf einer Länge von über einem Kilometer (mit den Auffahrten sind es über drei Kilometer) überspannt die längste Hängebrücke Europas den Tejo.

Weithin sichtbar steht hoch über Almada, in unmittelbarer Nähe zur Ponte, auf einem 75 Meter hohen Betonsockel die **Cristo-Rei-Statue**, der Christusstatue von Rio de Janeiro nachempfunden. Anlass für die Errichtung der Statue war ein Gelübde der portugiesischen Bischöfe zum Dank für die Verschonung und Neutralität Portugals im Zweiten Weltkrieg. Portugiesische Frauen hatten das Geld für den 28 Meter hohen Christus gesammelt, der sich mit geöffneten Armen der Stadt Lissabon zuwendet. Am 17. Mai 1959 konnte das Monument mit der Statue des Bildhauers Franco de Sousa und der Kapelle im Sockel unter großer Anteilnahme der Bevölkerung eingeweiht werden. Bronzetafeln zu beiden Seiten des Kapelleneingangs zeigen die zehn Gebote als Grundlage jeden menschlichen Zusammenlebens.

In den Folgejahren entstand auf dem Gelände ein katholisches Empfangs- und Versammlungszentrum. Vor dem Christusdenkmal liegt seit Mai 2007 die Cruz Alta, das große Metallkreuz aus dem Heiligtum von Fátima. Zu den 50-Jahr-Feiern der Errichtung des Denkmals kam die Fátima-Madonna nach Lissabon.

Fátima und seine Umgebung

Die Umgebung von Fátima wird auch *„portugiesische Toskana"* genannt, wegen seiner zahlreichen historischen und kulturellen Attraktionen und seiner besonderen Naturschönheiten.

Nicht weit von Fátima hat die Natur mehrere Grotten geschaffen, wie die **Grutas de Santo António**, ein einzigartiges Naturwunder. Zwei Männer auf der Jagd nach Vögeln entdeckten 1955 die 150 Millionen Jahre alte Tropfsteinhöhle mit mehreren Sälen, darunter der Fátima-Saal, in dem Wasser und Kalk einen Stalagmiten formten, der an die Statue der Fátima-Madonna mit dem Jesuskind erinnert, oder der Fledermaus-Saal, in dem tausende von Fledermäusen tagsüber schlafen.

Batalha, das Kloster der hl. Maria vom Sieg (Mosteiro da Batalha) (UNESCO-Weltkulturerbe)

Ca. zwanzig Kilometer von Fátima entfernt liegt nahe dem Fluss Lena der Ort Batalha, dessen Name auf Deutsch *„Schlacht“* bedeutet. Batalha gehört mit Alcobaça und Tomar zu den drei großen Königsklöstern Portugals und gilt als eines der bedeutendsten gotischen Klöster Europas. Mitte Juni wird in der Stadt das *„Fest des Heiligen Geistes“* gefeiert, bei der Mädchen und junge Frauen gesegnete Blumengebinde (tabuleiros) auf dem Kopf in einem Umzug durch die Stadt zur Pfarrkirche tragen.

Als im Jahr 1383 König Fernando I., der letzte Burgunder, ohne männlichen Erben starb, versuchte Kastilien sich Portugals zu bemächtigen, zumal der kastilische König mit der portugiesischen Königstochter Beatrix verheiratet war. João von Aviz, ein Halbbruder des verstorbenen Königs, stellte sich mit seinem Feldherrn und Vertrauten Nuno Álvarez Pereira den zahlenmäßig vielfach überlegenen Kastiliern entgegen. Mit seinem strategischen Geschick konnte er unter dem Banner der Gottesmutter die Portugiesen zum Sieg und in die Unabhängigkeit führen, am 14. August 1385 in der Schlacht von Aljubarrota. João von Aviz bestieg als João I. den portugiesischen Thron und begründete das Herrschergeschlecht der Aviz.

Am Ort des ehemaligen Schlachtfelds steht zur Erinnerung die Kapelle des hl. Georg (Capela de São Jorge), die Nuno Álvarez Pereira, dessen Geschick der Sieg zu verdanken war, zum Dank hatte erbauen lassen. In einem Relief an der Seite der Kirche ist die Schlacht dargestellt und eine Inschrift ehrt Nuno als den eigentlichen Sieger. Gegenüber der Kirche ist das Militärmuseum (Museu Militar da Batalha de Aljubarrota) mit einem Dokumentationszentrum über die Schlacht, die Portugals Unabhängigkeit gegenüber Spanien endgültig sicherte.

Zum Dank für den Sieg und in Erfüllung seines Gelübdes gegenüber der *„Beschützerin und Mutter aller Portugiesen"* stiftete König João wenige Kilometer nördlich des Schlachtfelds das Kloster Santa Maria da Vitória (das Kloster der hl. Maria vom Sieg) und übergab es 1388 den Dominikanern. Durch die Handwerker war rund um den Klosterbau die Siedlung entstanden, die bis heute den Namen Batalha trägt.

Vom 14. bis 16. Jahrhundert wurde an der Klosteranlage gebaut, Könige und Mitglieder der königlichen Familie wurden in der Gründerkapelle und den unvollendeten Kapellen beigesetzt. Erster Baumeister war Alfonso Domingues, vierzehn weitere arbeiteten unter sechs Königen am Fortgang des gewaltigen Klosterkomplexes. Ende des 16. Jahrhunderts wurden die Bauarbeiten eingestellt, weshalb das Kloster bis heute unvollendet ist. Es gilt dennoch als einer der schönsten gotischen Bauten mit dem königlichen

Die unvollendeten Kapellen.

Kreuzgang und den unvollendeten Kapellen im manuelinischen Stil, einer portugiesischen Sonderform der Spätgotik, beeinflusst durch maritime Elemente (Schiffstaue, Knoten, Anker, nautische Instrumente usw.).

Streng gotisch ist die dreigliedrige Westfassade: Christus zwischen den vier Evangelisten, umgeben von Engeln und Heiligen; im Gewölbebogen die Krönung Mariens und darüber ein Rosettenfenster. Schon beim Eingang in die 80 Meter lange dreischiffige Kirche fallen die wertvollen Glasmalereien der Chorfenster aus dem 15. und 16. Jahrhundert ins Auge. An der Südseite der Kirche wird bis heute die Statue Unserer Lieben Frau vom Sieg verehrt.

Vom rechten Seitenschiff aus gelangt man in die Gründerkapelle (Capela do Fundador) aus dem 15. Jahrhundert mit dem Doppelsarkophag von João I. und seiner Frau Filippa in der Mitte, darum herum Mitglieder der Familie, darunter Heinrich der Seefahrer (Dom Henrique o Navegador) und Ferdinand der

Königlicher Kreuzgang mit Maßwerk im manuelinischen Stil.

Heilige. Ferdinand starb infolge maurischer Geißelhaft 1443 in Fes; sein Leichnam wurde nach seiner Seligsprechung 1471 in der Gründerkapelle beigesetzt. Der Dichter Pedro Calderón verherrlicht Ferdinands Leben in dem Drama *„Der standhafte Prinz"*. Eine besondere Sehenswürdigkeit ist das Deckengewölbe mit seinem feingliedrigen Maßwerk. Durch die acht Fenster im Gewölbe fällt buntes Licht in den Raum, das fast orientalisch anmutet.

Zum Kloster gehören drei Kreuzgänge, deren bekanntester der königliche Kreuzgang (Claustro Real) ist mit quadratischem Grundriss (50 mal 50 Meter), gotischem Gewölbe und offenen gotischen Spitzbögen zum Innenhof; die schlanken Säulen und das durchbrochene Maßwerk sind Meisterwerke der Manuelinik.

Der Kapitelsaal ist bekannt für sein stützenloses Sternkuppelgewölbe, das größte seiner Art in Europa. Als der Raum fertig war, soll der Baumeister drei Nächte darin geschlafen haben (andere Quellen sprechen davon, dass er auf dem Dach geschlafen habe), um alle Bedenken zu zerstreuen, dass die kühne Konstruktion einstürzen würde. Eine Besonderheit ist das Fenster von 1514 mit der Kreuzigungsdarstellung. Im Kapitelsaal ist auch das Ehrenmal für den unbekannten Soldaten mit der Flamme des Vaterlandes. Das Kreuz beim Ehrenmal wurde im Ersten Weltkrieg bei der Bombardierung von Arras beschädigt und zur Ehrung der Gefallenen von Frankreich den Portugiesen geschenkt. Einzelheiten zum Kreuz und zu Portugals Rolle im Ersten Weltkrieg sind im Museum des unbekannten Soldaten zu sehen, das sich im ehemaligen Speisesaal des Klosters befindet (vom Kreuzgang aus zugänglich).

An der Ostseite des Klosters liegen die unvollendeten Kapellen (Capelas Imperfeitas). Der älteste Sohn und Nachfolger des Gründers, Duarte I., ließ 1435 den Zentralraum nach dem Vorbild der Grabeskirche von Jerusalem erbauen, als Grabkapelle für sich und seine Gemahlin Leonore von Aragón und seine Nachkommen. Zu dem Zweck wurde der Zentralraum mit sieben Kapellen umbaut, den Platz der achten Kapelle nimmt das mächtige Eingangsportal im manuelinischen Stil ein. Die Kapellen beeindrucken durch ihre Bauplastik, die prächtigen Glasfenster und den freien Blick zum Himmel, da das Dach bis heute fehlt.

Vom 16. bis zum 18. Jahrhundert wurden dem Kloster weitere Bauten angefügt, deren meiste wieder abgerissen wurden, nachdem unter der napoleonischen Besatzung das Kloster aufgelöst wurde und in Staatsbesitz überging. Seit 1980 ist das ehemalige Kloster als National- und Freiheitsdenkmal zugänglich.

Vor dem Kloster steht das Reiterstandbild von Nuno (Nonius) Álvares Pereira (1360–1431), des siegreichen Feldherrn der Schlacht von Aljubarrota. Papst Bonifaz IX. bezeichnete den Sieg als Wunder. Nach dem Tod seiner Frau trat Nuno mit 62 Jahren in das Karmeliterkloster von Lissabon ein, das er 1397 zum Dank für den Sieg gestiftet hatte. Er trug den Ordensnamen Nuno de Santa Maria, als Zeichen seiner Dankbarkeit und großen Verehrung für die Gottesmutter. Schon zu Lebzeiten als heilig verehrt, hörte der Pilgerstrom zu seinem Grab im Karmel von Lissabon nie auf. Am 23. Dezember 1918 wurde er durch Papst Benedikt XV. selig und am 26. April 2009 durch Benedikt XVI. heilig gesprochen.

Das Marienkloster von Alcobaça (Mosteiro de Santa Maria de Alcobaça) (UNESCO-Weltkulturerbe)

Alcobaça verdankt seine Bekanntheit dem Marienkloster. Die Anfänge des Klosters führen ins 12. Jahrhundert, zu dem aus Burgund stammenden Afonso Henriques (1128–1185). Er hatte mit seinen Rittern die Christen der Iberischen Halbinsel gegen die Mauren unterstützt. Nach der siegreichen Schlacht von Ourique (1139) ließ er sich zum ersten König eines unabhängigen Portugals ausrufen. In seinen Bemühungen um die Anerkennung durch den Papst fand er einen Fürsprecher in dem burgundischen Adeligen Bernhard von Clairvaux, den Reformer des Benediktinerordens und Mitbegründer der Zisterzienser. Zum Dank für die Unterstützung schenkte Afonso den Zisterziensern Ländereien im Tal der Flüsse Alcoa und Baça, rund um die alte Maurenfestung, die den Mönchen zunächst als Zuflucht diente. Diese erbauten dort mit Unterstützung des Königs das Kloster und kultivierten das Umland. Großen Reichtum erwarben sie durch die Gewinnung von Salz, die Förderung des Schiffbaus und ausgedehnte Obstplantagen. Sie richteten Schulen ein und förderten die Ansiedlung von Handwerkern. Zudem war ihnen die geistliche und weltliche Gerichtsbarkeit übertragen worden. So entstand eines der größten Klöster in der Geschichte der Zisterzienser; nach der Ordensregel war Platz für 999 Mönche – *„1000 weniger Einem“*. Nach der fast fünfhundertjährigen muslimischen Herrschaft sollte von hier aus die Region wieder dem Christentum zugeführt werden. So wurde es zur *„Wiege der portugiesischen Kultur“* mit einer der größten Bibliotheken Europas. Alcobaça war ein Zentrum für Wissenschaft, Kunst und Literatur, hier wurde über Jahrhunderte die *„Monarchia Lusitana“*, die *„Geschichte Portugals“* herausgegeben. Der Abt von Alcobaça war Seelsorger und Ratgeber des Königs und einflussreiches Mitglied der Ständeversammlung. Zum Kloster gehörte ein ausgedehnter Grundbesitz, über deren Bewohner das Kloster in eigener Jurisdiktion urteilte.

Mehrfach wurde Alcobaça beschädigt: schon während der Bauzeit durch einfallende Mauren, später durch mehrere Erdbeben und die Schlammmassen der Flutwelle nach den Erdbeben von 1722 und 1755 (obwohl das Kloster zehn Kilometer vom Atlantik entfernt liegt). In den Wirren des 19. Jahrhunderts wurde das Kloster geschlossen und verfiel, die Steine wurden als Baumaterial verkauft, ein Teil als Kaserne und Wohnraum genutzt. Erst zu Beginn des 20. Jahrhunderts wurde angesichts der großen kulturellen Bedeutung das Kloster restauriert. Heute sind dort Behörden und Schulen untergebracht.

Vorbild für die Klosteranlage war die Abtei von Clairvaux, das Mutterkloster der Zisterzienser. Die romanischen und frühgotischen Anfangsbauten wurden teilweise barockisiert. Zum Kloster gehören neben der Kirche mit der Sakristei drei Kreuzgänge, der Südflügel mit dem Königstrakt und der Nordflügel mit der ehemaligen Abtwohnung und den Zellen der Mönche.

1252 wurde die frühgotische Hallenkirche mit einer Länge von 109 Metern und einer Breite und Höhe von jeweils zwanzig Metern gebaut, alle drei

Der Innenhof des Klosters.

Schiffe sind gleich hoch, die Architektur scheint zum Himmel zu streben. Sie ist damit die größte Kirche Portugals. Die ursprünglich gotische und später barockisierte Fassade der Klosterkirche beherrscht bis heute mit ihrer großen Freitreppe und den barocken Doppeltürmen den Hauptplatz der Stadt. Rechts und links vom Hauptportal verweisen die Statuen des hl. Benedikt und des hl. Bernhard auf den Gründer der Benediktiner und seines Reformordens der Zisterzienser. Der Innenraum zeugt in seiner Einfachheit und Schmucklosigkeit vom Ideal zisterziensischer Gotik. In einer späteren Bauphase wurden neun Kapellen dem Chorraum hinzugefügt und vier weitere dem Querhaus, darunter im südlichen Querhaus die Kapelle des Todes des hl. Bernhard. Die Kirche wurde die Grablege der ersten Königsdynastie Portugals, der Burgunder. Die leeren Sarkophage stehen heute in Nebenräumen, die vom Querschiff der Kirche aus zugänglich sind.

Entsprechend ihren Ordensidealen verzichteten die Zisterzienser auch auf bildliche Ausgestaltung und Ornamentik. Allein eine Statue der Gottesmutter schmückte die Kirche. Erst seit dem 17. Jahrhundert erlaubte eine Lockerung der Ordensregel die üppigere Ausgestaltung im barocken Stil. Die heutige Ausstattung des Kirchenraums stammt weitgehend aus dieser Zeit.

Die alte Sakristei wurde 1755 zerstört und unter Einbeziehung der erhaltenen manuelinischen Portale wieder aufgebaut.

Die Region rund um Alcobaça wird auch als *„Terra da Paixão“*, Land der Leidenschaft, bezeichnet.

Mit den gotischen Sarkophagen von Pedro und Inês de Castro im Querschiff ist die Kirche von Alcobaça zum Wallfahrtsort für Verliebte geworden, die sich dort ewige Liebe und Treue versprechen.

Die Geschichte der großen Liebe von Pedro und Inês begann im Jahr 1328. Inês war als Hofdame für Constança, die spanische Frau des Thronfolgers Pedro nach Portugal gekommen, wo sie sich in Pedro verliebte. Nach Constanças baldigem Tod lebte sie mit Pedro zusammen und gebar ihm drei Kinder. Pedros Vater, König Afonso IV. war gegen die unstandesgemäße Verbindung. Er beschuldigte Inês des Hochverrats und ließ sie 1355 in Coimbra auf ihrem Landgut ermorden, das seither *„Quinta das Lágrimas“* (Landgut der Tränen) heißt. An der *„Fonte das Lágrimas“* (Quelle der Tränen) wurde Inês der Überlieferung nach ermordet, weshalb das Wasser noch immer von ihrem Blut rötlich gefärbt ist. Nach dem Tod seines Vaters (1357) nahm Pedro Rache an den Mördern, was ihm den Beinamen *„o cruel“*, der Grausame, einbrachte. Inês ließ er nachträglich zur Königin krönen und in der Klosterkirche von Alcobaça in einem

Prunksarkophag beisetzen. Die Gesichter der Tiergestalten, die den Sarkophag tragen, sollen die Mörder von Inês darstellen. Täglich wurde für Inês eine hl. Messe gelesen.

Die Sarkophage von Pedro und Inês zählen zu den bedeutendsten Kunstwerken Portugals. Auf Inês Sarkophag sind Szenen aus dem Leben der beiden Liebenden dargestellt, auf Pedros Szenen aus dem Leben seines Schutzpatrons, des hl. Bartholomäus. Die Liegefiguren von Inês und Pedro umgeben Engel, die sie tragen und mit Weihrauch versehen. Der Hund am Ende der Sarkophage ist als Symbol ihrer gegenseitigen Treue zu verstehen. Auf Pedros Wunsch wurde sein eigener Sarkophag genau gegenüber von Inês aufgestellt, damit sich die beiden bei der Auferstehung gleich in die Augen schauen können. Der Dichter Luis de Camões verewigte die Liebesgeschichte der beiden in seinen Lusiadas: *„Inês, unglücklich und ärmlich, wurde erst nach ihrem Tod Königin. Liebe ist ihr Name und Tränen sind ihre Welle."*

Eine besondere Sehenswürdigkeit sind die vier ursprünglichen Kreuzgänge:

– Der östliche Kreuzgang (Claustro do Capitolo)
  Er führt vorbei an den wichtigsten Teilen des Klosters: Sakristei, Kapitelsaal, Parlatorium (Sprechzimmer).
  Der Kapitelsaal für die Versammlung der Mönche war nach der Kirche der wichtigste Teil des Klosters. Der Name stammt von den Abschnitten aus der Regel des hl. Benedikt („Kapiteln"), die dort täglich gelesen wurden. Zweihundert Mönche fanden im Raum Platz. Vom Kapitelsaal führte ursprünglich eine Treppe hinauf zum dreischiffigen Dormitorium, dem Schlafsaal der Mönche, und von dort

Blick in einen Kreuzgang.

eine weitere Treppe direkt in die Kirche. Die Mönche schliefen ursprünglich gemeinsam, ein eigener Raum stand nur dem Abt zu.

– Der westliche Kreuzgang (Claustro do Poente) führt zu den Zellen der Laienbrüder mit eigenem Zugang zur Kirche und den Vorratskammern. Der Trakt wurde im 16. Jahrhundert gänzlich umgestaltet zum Gästetrakt, darunter der Königssaal mit den Statuen von neunzehn portugiesischen Königen. An den Wänden erzählen Azulejos aus dem 18. Jahrhundert die Gründungsgeschichte des Klosters. Eine Tonskulptur zeigt die fiktive Krönung von Afonso Henriques durch Papst Innozenz II. im Beisein von Bernhard von Clairvaux.

- Im südlichen Kreuzgang (Claustro da Leitura) hielten die Mönche auf Steinbänken ihre Lesungen; die Marienkapelle im Zentrum des Kreuzgangs entspricht der zisterziensischen Marienfrömmigkeit.
- Der nördliche Kreuzgang (Claustro do Refeitório) hat Zugang zum Wärmeraum (Kalefaktorium), dem Refektorium und der Küche. Nahe der Küche liegt das Refektorium, der Speiseraum der Mönche. Durch die Küche lief ein kleiner Bach, wo die Mönche Fische fingen. Im offenen Kamin konnten ganze Ochsen für die große Mönchsgemeinschaft gebraten werden. Am Brunnen (Lavabo) vor dem Refektorium schöpften die Mönche Trinkwasser und wuschen sich vor den Mahlzeiten.

In späteren Bauphasen kamen weitere Kreuzgänge hinzu:

Im 14. Jahrhundert der Kreuzgang der Stille (Claustro do Silencio), wo Redeverbot herrschte; der Claustro da Levada aus dem 16. Jahrhundert, benannt nach dem gleichnamigen Fluss, einem Nebenarm der Arcoa. Die Levada war umgeleitet worden, um den Wasserbedarf der klösterlichen Handwerksbetriebe zu decken und die riesige Küche zu versorgen. Am Claustro do Rachadorio (auch Claustro da Biblioteca) aus dem 17. Jahrhundert befanden sich neben der Bibliothek auch die Werkstätten der Handwerker.

Nazaré und das Santuario Na. Sa. da Nazaré

Unweit von Alcobaça und Batalha liegt der malerische Fischer- und Badeort Nazaré an einer geschützten Atlantikbucht mit langer Strandpromenade. Dort fahren täglich die Fischer mit ihren Booten aufs Meer und trocknen ihren Fang gleich am Strand, während ihnen

Frauen in bunten Trachten bei der Verarbeitung helfen oder Souvenirs an Touristen verkaufen.

Seit dem 12. Jahrhundert gehörte die Stadt zum Kloster Alcobaça und war über mehrere Jahrhunderte wichtiger Ausgangshafen für Entdeckungen. Bis 1912 trug die Stadt den Namen Pederneira (heute noch die Bezeichnung für das historische Zentrum), dann übernahm sie von der Wallfahrtsstätte im Ortsteil Sítio den Namen Nazaré, Nazaret, als Zeichen der Verehrung für die Jungfrau von Nazaret.

Auf einem Felsplateau liegt in 110 Meter Höhe der Ortsteil Sítio, zu dem man über die Serpentinenstraße oder mit dem Ascensor de Nazaré gelangt. Etwa auf einem Drittel der Höhe liegt der Leuchtturm (Farol), die ehemalige Festung, die die Bevölkerung von Sítio und sein Heiligtum schützten. Seit 1903 sichert der Leuchtturm die Küstenlinie.

Die Verehrung der Gottesmutter auf der Iberischen Halbinsel war schon vor der Herrschaft der Mauren verbreitet. Die Statue Unserer Lieben Frau von Nazaré ist eine ca. dreißig Zentimeter große, schwarze Madonna, die der hl. Josef der Legende nach schnitzte und der Evangelist Lukas bemalte. Die Darstellung der stillenden Madonna (Virgem do Leite), die zärtlich ihr Kind im Arm hält, erinnert an die besondere Mutterschaft Marias: Das Kind in ihren Armen ist wahrer Gott und ebenso wahrer Mensch; deshalb braucht es wie jedes Neugeborene die Milch seiner Mutter.

Im 8. Jahrhundert hatte ein Mönch namens Romanus eine Marienstatue in die Nähe von Nazaré gebracht und vor den Mauren versteckt. Nur 4,5 Kilometer von Sítio entfernt liegt in der Bucht gegenüber der kleine Ort Famalicão mit der Kirche von São Gião, einer der ältesten Kirchen der iberischen Halbinsel.

Möglicherweise war dort während der Maurenherrschaft das Gnadenbild von Nazaré versteckt.

Das Versteck geriet in Vergessenheit und erst im 12. Jahrhundert wurde die Marienstatue von Don Fuas Roupinho, einem Vertrauten König Afonso Henriques, gefunden. Als Dom Fuas eines Tages auf der Jagd war, setzte er einem Hirsch nach und drohte im dichten Nebel die Klippen hinabzustürzen. Als er den Tod vor Augen hatte, rief er den Namen der Gottesmutter um Hilfe an und wurde gerettet. Zum Dank stiftete er die Einsiedelei der Erinnerung (Ermida da Memória) am Rande der Klippen, an der Stelle, wo er gerettet wurde. In der Kapelle steht heute eine Kopie des Gnadenbildes. Das umliegende Land schenkte er *„Na. Sa. da Nazaret“*, Unserer Lieben Frau von Nazaret. Schon im 14. Jahrhundert wurde eine größere Kirche nötig, um die Menge der Pilger aufzunehmen. Das Gnadenbild wurde in die neue Kirche überführt. Das Santuário wurde im 17. Jahrhundert nochmals erweitert und mit kostbaren Azulejos ausgestaltet. Über eine Treppe an der Rückseite des Altares können die Gläubigen direkt zum Gnadenbild im Hauptaltar hinaufsteigen.

Das Heiligtum von Nazaré war vom 17. bis zum Beginn des 20. Jahrhunderts die bedeutendste Wallfahrt Portugals, bis Fátima diesen Rang übernahm. Könige, Entdecker und Missionare zählten zu den Pilgern, wie König Afonso Henriques, der Entdecker Vasco da Gama und der Jesuitenmissionar Franz-Xaver. Mit ihnen verbreitete sich die Verehrung Unserer Lieben Frau von Nazaré in die ganze Welt.

Besondere Wallfahrtstage sind der 15. August, das Hochfest der Aufnahme Mariens in den Himmel, und der 8. September, das Fest der Geburt der Gottesmutter.

Eine Bruderschaft, die Confraria de Na. Sa. da Nazaré verwaltete das Heiligtum und sein Vermögen, das aus den Spenden der Pilger zusammengekommen war. Unterkünfte für die Pilger, das Haus des Rektors, ein Krankenhaus und weitere Anbauten entstanden. Bis heute ist die Bruderschaft für soziale Projekte und zahlreiche kommunale Angelegenheiten Sítios zuständig.

Óbidos, die Stadt der Königinnen

In der Estremadura liegt auf einem kahlen Felsenhügel das mittelalterliche Städtchen Óbidos mit seiner mächtigen Burganlage inmitten schmaler Gassen, mit weiß getünchten und Blumen geschmückten Häusern und kleiner Plätze. Der Name geht vermutlich auf das Lateinische *„oppidum“* zurück, was *„befestigte Siedlung“* bedeutet (die heutige Burg wurde auf den Ruinen der römischen Festung erbaut). Der Ort ist auch unter dem Namen *„Vila das Rainhas“* (Stadt der Königinnen) bekannt, nachdem König Dinis I. 1282 die Stadt seiner Frau zur Hochzeit geschenkt hatte, ein Brauch, dem spätere Könige folgten.

Das drei Kilometer lange Aquädukt vor der Stadtmauer ließ Katharina von Österreich erbauen, um die Stadt und ihre Brunnen mit Wasser zu versorgen.

Das südliche Stadttor (beim Parkplatz für Busse), die Porta da Vila, ist innen mit Azulejo-Kacheln aus dem 18. Jahrhundert und einem kleinen Oratorium ausgestattet. Von dort aus lohnt sich ein Spaziergang hinauf zur Burg (Castello), vorbei an kleinen Läden mit Kunstgewerbe, die traditionelle Keramikarbeiten, Flechtarbeiten und lokale Stickereien anbieten. Einige servieren Ginjinha (oder Ginja), den traditionellen Kirschlikör, der aus Schokoladebechern getrunken

Blick auf Obidos, im Vordergrund sieht man die Stadtmauer.

wird (Óbidos ist bekannt für seine Schokoladen und Pralinen und das alljährliche Internationale Schokoladenfestival). Unterwegs laden sehenswerte Plätze zum Verweilen ein, nicht zuletzt lohnen einige Kirchen einen Besuch: Die ehemalige Kapelle des Heiligen Geistes, heute die Kirche der Barmherzigkeit (Igreia da Misericordia), mit Barockportal und Azulejos aus dem 17. Jahrhundert.

Die frühere Basilika des hl. Petrus (Igreia de São Pedro) wurde nach der Zerstörung 1755 sofort im Barockstil wieder aufgebaut. In ihr wurde 1684 die aus dem Ort stammende Malerin Josefa da Óbidos beigesetzt.

Bei der Kapelle der hl. Katharina (Capila de Santa Caterina), mit Bildern von Josefa da Óbidos, steht das Gedächtniskreuz (Cruzeiro da Memoria); es erinnert an die Befreiung der Stadt von den Mauren durch den späteren König Afonso Henriques.

Im Zentrum, an der Praça de Santa Maria, steht die Hauptkirche der Stadt, die der Gottesmutter Maria geweiht ist (Igreia Matriz de Santa Maria). Die Holzdecke aus dem 17. Jahrhundert verherrlicht die Gottesmutter in Szenen aus ihrem Leben. Die Mauren hatten an Stelle der heutigen Kirche einen westgotischen Tempel aus dem 8. Jahrhundert in eine Moschee umgewandelt. Im 12. Jahrhundert wurde der Bau von Grund auf erneuert und später mehrfach umgestaltet. Zahlreiche Gemälde von Josefa da Óbidos schmücken die Kirche, deren Wände ganz mit Pflanzenmotiven auf Azulejos ausgekleidet sind.

Außerhalb der Stadtmauern, am Fuße des Hügels überrascht das Heiligtum des *„Senhor da Pedra"* (Herr des Steines), ein sechseckiger barocker Zentralbau. Der Name kommt von einem frühchristlichen Steinkreuz unbekannter Herkunft, in das eine Christusfigur eingraviert ist. Das Kreuz wurde über die Jahrhunderte als wundertätig verehrt, die Bewohner von Óbidos und Umgebung vertrauten seinem Schutz und bedankten sich mit zahlreichen Votivbildern. Die Ausstattung der Wallfahrtskirche mit ihren Wandteppichen führt über die einzelnen Stationen des Kreuzwegs zum Steinkreuz auf dem Hochaltar.

Tomar, die Klosterburg der Christusritter (Convento da Ordem de Cristo) (UNESCO-Weltkulturerbe)

Von Fátima nach Tomar führt die Straße nach wenigen Kilometern vorbei an *Vila Nova de Ourém*. Der Ort hieß ursprünglich Abdegas und wurde im 12. Jahrhundert in Ourém umbenannt zu Ehren der maurischen Prinzessin Fátima, die nach ihrer Taufe den Namen Oureana angenommen hatte. Die mittelalterliche Kleinstadt entwickelte sich rund um die Festung auf dem Hügel. Im 15. Jahrhundert entstand innerhalb der Burg das Schloss im Stil der italienischen Militärarchitektur. Sehenswert ist die kleine Wallfahrtskirche Na. Sa. da Encarnação aus dem 16. Jahrhundert.

In der Stadt ist noch das Haus zu sehen, in der Lucia, Jacinta und Francesco vom 13. bis 15. August eingesperrt waren, um sie von der Cova da Iria fernzuhalten.

Die Geschichte von Tomar ist untrennbar verbunden mit der des Templerordens und den Christusrittern. Der Templerorden war im Jahr 1118 von Hugo von Payens in Jerusalem gegründet worden als *„Arme Ritter Christi“*. Als Tempelritter wurden sie wegen ihres Hauptsitzes beim Salomonischen Tempel bezeichnet. Neben den traditionellen Mönchsgelübden von Armut, Keuschheit und Gehorsam, versprachen sie den Schutz des christlichen Abendlandes und der Pilger. Die Ordensritter waren direkt dem Papst unterstellt. Nachdem der Orden Macht und Reichtum erlangt hatte, wurde er auf Druck der französischen Königs Philipp des Schönen unter Clemens V. 1307 verboten. Die Mitglieder wurden wegen Ketzerei und Aberglaubens verfolgt und hingerichtet, ihr Vermögen eingezogen.

Portugal ging einen anderen Weg. Der Orden wurde nicht aufgelöst. In Übereinstimmung mit den Bischöfen änderte König Dinis I. 1319 den Namen der Templer in *„Ordem de Cavalaria de N. S. Jesu Cristo“* (Orden der Christusritter) und übertrug ihnen sämtliche Privilegien und Güter der Templer, darunter die Burg von Tomar. Der Großmeister des Ordens unterstand direkt dem portugiesischen König und hatte seinen Hauptsitz in Tomar. Die Aufgabe der Christusritter war weiterhin die Verteidigung des christlichen Glaubens und der Schutz der Pilger. Aus dem sog. *„Tatzenkreuz“* der Templer wurde das Kreuz der Christusritter mit geraden Balken, das an vielen Stel-

Blick auf die die Christusritterkirche in Tomar.

len in Tomar und Portugal zu finden ist. Heinrich der Seefahrer, selbst Großmeister des Ordens, ließ das Kreuz auf den Karavellen der portugiesischen Seefahrer anbringen; auch Christoph Kolumbus segelte unter dem roten Kreuz der Christusritter in die Neue Welt. Unter König João III. wurden 1521 die Christusritter der Regel des hl. Benedikt unterstellt, die Burg von Tomar wurde entsprechend den mönchischen Bedürfnissen zum Konvent umgebaut. Wie soviele andere Klöster wurde auch die Christusritterburg von den napoleonischen Truppen verwüstet; sie ging 1834 mit Aufhebung des Ordens in Staatsbesitz über.

Die Stadt Tomar liegt in Zentralportugal und war als Hauptsitz der Christusritter nicht nur geographisches, sondern auch wichtiges geistiges Zentrum des Landes. Die Gründung der Stadt steht in direktem Zusammenhang mit der Gründung der Burg, die 1160 auf den Überresten eines römischen Tempels ge-

Der Kreuzgang im Kloster von Tomar.

gründet wurde. Zahlreiche historische Stätten und Gebäude bezeugen die große Vergangenheit von Tomar: Ein Spaziergang durch die Kopfstein gepflasterten Straßen und Gassen der Altstadt führen zu den Kapellen N. S. da Conceiçao nahe der Christusritterburg und der Renaissance-Kapelle der hl. Irene (Capela de Santa Iria), der Stadtpatronin. Die gotische Templerkirche Santa Maria do Olival am linken Ufer des Nabão-Flusses ist in Anlehnung an das Heilige Grab entworfen; in ihr sind noch erhalten die Grabsteine der Großmeister des Templer-Ordens. Sehenswert ist im Zentrum die gotische Kirche Johannes des Täufers (São João Batista) mit Baptisterium an der Praça da República. Im ehemaligen Judenviertel (Judiaria) steht die älteste Synagoge Portugals aus dem 14. Jahrhundert, der ein kleines Museum (Museu Luso-Hebraico Abraham Zacuto) angeschlossen ist mit Zeugnissen jahrhundertelanger jüdischer Kultur in Portugal).

Alle zwei Jahre findet im Juni eines der ältesten religiösen Feste Portugals die *„Festa de Tabuleiros"* zur Verehrung des Heiligen Geistes statt. Die hl. Königin Isabell hatte im 14. Jahrhundert durch den Heilig-Geist-Orden Brot an Bedürftige verteilen lassen. Zur Erinnerung tragen weiß gekleidete Mädchen Blumengebinde (tabuleiros) auf dem Kopf durch die festlich geschmückte Stadt, an denen Brotlaibe und als Symbol des Heiligen Geistes eine weiße Taube befestigt sind. Das Brot wird am Ende des Umzugs unter der Bevölkerung verteilt.

Höhepunkt eines Besuches von Tomar ist der Besuch der Christusritterburg auf dem Hügel über der Stadt, inmitten der Gartenanlagen aus dem 16. Jahrhundert. Nach Alcobaça und Bathalha war das Kloster von Tomar nicht nur eines der größten, sondern das vornehmste Kloster, da die Mönche zusätzlich dem Ritterstand angehörten. Sechs Jahrhunderte haben an der Anlage gebaut und Zeugnisse verschiedener Kunst- und Architekturstile hinterlassen, von Romanik und Gotik über die Manuelinik bis zum Barock; die Anlage spiegelt den Wandel von der Templer- zur Christusritterburg und schließlich zum Kloster der Christusritter. Vorbild war der Sitz der Templer in Jerusalem.

Am Torre de Menagem bezeugt eine Inschrift, dass König Afonso Henriques die Burg Gott und den Templern widmete. Entlang der wehrhaften Mauern, mit den ältesten Teilen der Burg, betritt der Besucher die Anlage durch das manuelinische Portal des berühmten Architekten João Castilho von 1515. Ihm werden die wesentlichen manuelinischen Elemente zugeschrieben. Kern der ganzen Burg ist die 16-eckige romanische Rotunde mit der Charola aus dem 12. Jahrhundert. Durch ein reich geschmücktes manuelinisches Portal – es war Vorbild für das Hieronymus-Kloster in Belém – gelangt der Besucher in die achteckige Charola, die Gebetskapelle der Templer, gestaltet in Anlehnung an das Heilige Grab in Jerusalem. Die Wandmalereien, Tafelbilder und Verzierungen stammen aus dem 16. Jahrhundert. Die Bögen mit den Kapitellen im romanisch-byzantinischen Stil enthalten Reliefs mit Sagen- und Menschengestalten und Szenen aus der Heiligen Schrift (darunter Daniel in der Löwengrube). Im 15. Jahrhundert wurde an die Rotunde die gotische Christusritterkirche angebaut und im manuelinischen Stil ausgestaltet.

Von der Rotunde ausgehend entstanden die weiteren Gebäude der Burg. Direkt verbunden mit der Rotunde sind der gotische Claustro do Cemitéro über dem ehemaligen Friedhof mit Grabplatten im manuelinischen Stil, und der Claustro da Lavagem (Kreuzgang der Waschungen) mit Azulejos.

Vom zweigeschossigen Claustro dos Felipes im Stil der italienischen Renaissance öffnet sich ein herrlicher Blick in den Innenhof mit seinem Barockbrunnen und auf die Christuskirche. Seinen Namen hat der Kreuzgang von drei Königen mit Namen Philipp, darunter Philipp I., der hier 1580 zum König von Portugal gekrönt wurde. Vom kleinen Claustro de Santa Barbara aus ist der beste Blick auf die Fassade des Kapitelsaals mit dem berühmten *„Janela do Capitulo“*, dem reich verzierten manuelinischen Fenster. Es gilt als Meisterleistung der Manuelinik. Der Kapitelsaal selbst ist mit Tafelbildern und Fayencen ausgestattet.

Weitere Kreuzgänge (Claustro da Hospedaria, Claustro da Micha, Claustro dos Corvos) schließen die Anlage nach außen ab und führen zu den großen Dormitorien (Schlafsälen) und den Wohnräumen der Mönche.

Blick über den Fluss Mondego auf Coimbra.

Coimbra: die Stadt des Wissens und der „Saudade“

Etwa 90 Kilometer nördlich von Fátima liegt Coimbra, die erste Königsstadt Portugals und Sitz der ältesten und bis 1911 einzigen Universität des Landes. Der Name des Ortes wurde von der nahegelegenen Römerstadt Conimbriga, der größten römischen Siedlung auf der iberischen Halbinsel übernommen. Unter der maurischen Herrschaft war Coimbra ein wichtiges Verkehrs- und Handelszentrum an der Schnittstelle zwischen christlichem Norden und muslimischen Süden. Der Fluss Mondego teilt den Ort in die ältere Oberstadt (Cidade alta), in der Adel und Geistlichkeit lebten, und in die jüngere Unterstadt (Cidade baixa), das Handwerkerviertel. Die Silhouette der Stadt prägen die Gebäude der 1307 gegründeten Universität mit dem sog. *„Ziegenturm“* (benannt nach der großen Glocke, die wie das Meckern einer Ziege klingt). Die ältesten erhaltenen Teile stammen aus dem 15. Jahrhundert, darunter die manuelinische Kapelle und die Bibliothek. Einer der bekanntesten Studenten war der hl. Antonius. Während seines Studiums lebte er im Augustinerkloster von Santa Cruz. Das Kloster hatte König Afonso Henriques gegründet. Auf seinen Wunsch hin wurde er dort auch bestattet, ebenso wie sein Nachfolger Sandro I. Der Dichter Luis de Camões lebte einige Jahre im Kloster. Eine Originalabschrift seiner Lusiaden wird in der Bibliothek von Coimbra aufbewahrt. Im sog. Saudade-Garten treffen sich nicht nur Liebespaare, sondern auch ehemalige Studenten erinnern sich dort an ihre Studienzeit und hinterlassen in Gedenksteinen mit Gedichten und Erinnerungen ihren Dank an die Stadt, die Universität, ihre Lehrer und die erlebte Gemeinschaft. Ganz in der Nähe liegt der Karmel von Coimbra, in dem Schwester Lucia bis zu ihrem Tod lebte.

Die alte Kathedrale (Sé Velha) ist die bedeutendste romanische Kathedrale Portugals, Ende des 12. Jahrhunderts im Auftrag von Afonso Henriques errichtet. König Pedro I. ließ in der Kathedrale Inês de Castro posthum zur Königin krönen bevor er ihren Leichnam in Alcobaça beisetzen ließ. Herausragendes Kunstwerk ist der spätgotische Hochaltar mit der Himmelfahrt Mariens von flämischen Meistern.

Sehenswert sind auf der linken Mondego-Seite die Ruinen des gotischen Klosters Santa Clara-a-Velha. Die hl. Isabell von Portugal gründete das Kloster im 14. Jahrhundert. Nach ihrer Ermordung wurde Inês de Castro zunächst in der Klosterkirche beigesetzt. Da der nahe Fluss immer wieder das Kloster überschwemmte, wurde es im 17. Jahrhundert weiter nach oben verlegt, unter dem Namen Santa Clara-a-Nova, das barocke neue Klarakloster. Die hl. Isabell verbrachte ihre letzten Lebensjahre als Franziskanerin im

Der Saudade-Garten in Coimbra.

Kloster, wo sie sich um die Armen und Bedürftigen der Stadt kümmerte. Nach ihrem Tod wurde sie dort beigesetzt. Mit der Verlegung des Klosters wurde der aus Silber und Kristall gefertigte Schrein, der seit der Heiligsprechung Isabells Gebeine birgt, in die neue Klosterkirche in den Hochaltar übertragen. Die hl. Isabell ist Patronin Coimbras. Ihr Festtag, der 4. Juli wird in der ganzen Stadt mit Prozessionen, weltlichen Feierlichkeiten und einem großen Feuerwerk begangen.

Im Karmel der hl. Theresia im Nordosten der Stadt lebte von 1948 bis zu ihrem Tod 2005 Schwester Lucia. Auf eigenen Wunsch war sie ein Jahr auf dem Klosterfriedhof bestattet, bevor sie nach Fatima überführt wurde.

Gebete des Engels
Mein Gott, ich glaube an Dich, ich bete Dich an, ich hoffe auf Dich und ich liebe Dich. Ich bitte Dich um Verzeihung für jene, die an Dich nicht glauben, Dich nicht anbeten, auf Dich nicht hoffen und Dich nicht lieben.

Heiligste Dreifaltigkeit, Vater, Sohn und Heiliger Geist, in tiefster Ehrfurcht bete ich Dich an und opfere Dir auf den kostbaren Leib und das Blut, die Seele und die Gottheit Jesu Christi, gegenwärtig in allen Tabernakeln der Erde, zur Wiedergutmachung für alle Schmähungen, Sakrilegien und Gleichgültigkeiten, durch die Er selbst beleidigt wird. Durch die unendlichen Verdienste Seines Heiligsten Herzens und des Unbefleckten Herzens Mariens bitte ich Dich um die Bekehrung der armen Sünder.

Rosenkranz-Zwischengebet
Deutsch

O mein Jesus, verzeih uns unsere Sünden!
Bewahre uns vor dem Feuer der Hölle!
Führe alle Seelen in den Himmel,
besonders jene, die deiner Barmherzigkeit
am meisten bedürfen.
Amen.

Lateinisch

Domine Iesu, dimitte nobis debita nostra,
libera nos ab igne inferni,
conduc in caelum omnes animas,
praesertim eas, quae misericordiae tuae
maxime indigent.
Amen.

Tagesgebet zum Gedenktag unserer Lieben Frau von Fátima

Herr, unser Gott, du hast Maria, die Mutter deines Sohnes, auch uns zur Mutter gegeben. Gib, dass wir, durch ihre Ermahnungen belehrt, im Geist der Buße und des Gebetes der Ausbreitung des Reiches deines Sohnes mit noch größerem Eifer dienen, um die Welt zu erneuern. Darum bitten wir, durch Jesus Christus, deinen Sohn, unseren Herrn und Gott, der in der Einheit des Heiligen Geistes mit dir lebt und herrscht in alle Ewigkeit. Amen.

Ave von Fátima

1. Am dreizehnten Maien – im Tal der Iria, vom Himmel erscheinet die Jungfrau Maria. Refrain
2. Die Mutter des Heilands in strahlendem Licht, begnadet drei Hirten mit hehrem Gesicht. Refrain

3. Erst halten für Blitz sie den blendenden Schein; sie sammeln die Herde und wenden sich heim. Refrain
4. Doch spricht aus der Eiche so freundlich und gut die Jungfrau. Da fassen die Ängstlichen Mut. Refrain
5. Sie fragen: „Wie heißest Du, Schönste der Frau'n?" – „Ich komme vom Himmel, ihr dürft Mir vertrau'n." Refrain
6. Ein Rosenkranz zieret, wie Perlen von Licht, die Hände der Frau, die so liebevoll spricht. Refrain
7. Sie mahnet die Kinder: „O betet ihn gern! So haltet die Sünde und Strafe ihr fern." Refrain

Zusätzlich:

8. Sie lädt sie fünf Monde zur Steineiche ein. Die Glücklichen kommen in frommem Verein.
9. Noch fünfmal erscheinet die Herrin im Baum. Wie Schnee ist ihr Mantel, mit güldenem Saum. Refrain
10. Doch spricht aus den freundlichen Zügen ein Schmerz: Die Sünden der Menschen betrüben ihr Herz. Refrain
11. „Tut Buße und sühnet, was Böses gescheh'n! So wird auch die Drangsal der Kriege vergeh'n." Refrain
12. „Das sind Meine Sorgen!" O nehmet in acht, was Botschaft die Mutter den Kindern gebracht! Refrain
13. Ja, lehre und führ' uns, wir folgen Dir gern, Du Gütige, Milde, Du Mutter des Herrn! Refrain

Lied der seligen Hirtenkinder

Refrain: Wir singen voll Freude wie aus einem Mund: Francisco, Jacinta bittet für uns!

2. Eine wunderschöne Dame durften eure Augen schauen, sie schützt alle Pilgerkinder und wir können ihr vertrauen!

3. Sie erschien euch bei der Eiche, bat euch, für die Welt zu beten! Wie ein Opfer ohne Ende, wurde euer ganzes Leben!

4. Und dem ersten armen Kinde, dem ihr auf dem Weg begegnet, schenkt ihr euer Brot in Freuden, ganz erfüllt von Nächstenliebe!

5. Bitte helft der Erdenjugend, o Francisco und Jacinta, ihren Lebensweg zu gehen, wohl behütet von Maria.

6. Mög' die Königin der Schmerzen, gnädig unser Flehn erhören, unsern Heiligen Vater segnen und zur Umkehr uns bewegen!

7. Die ihr Gott im Himmel schauet, den die Engel ewig preisen, bittet für die Welt um Frieden, mög' er uns die Gnad erweisen!

8. Christi Kreuz sei unser Zeichen! Jesus nimm uns treu an Händen, und vermehre unsern Glauben, schütze Völker, Vaterländer.

9. Bitte lasst uns nicht alleine! Helft in all den vielen Nöten. Helft Familien zu vereinen, und den Rosenkranz zu leben!

Zwischengesang

Abschiedslied von Fátima (Ó Virgem do Rosário)

Refrain: Ein letzter Gruß noch Dir
Beim Verlassen dieses Orts!
Immer lebe in mir der unsterbliche Ruf:
Auf Wiedersehn, Jungfrau!
Fatima, ade!
Auf Wiedersehn Jungfrau!
Fatima, ade!

Des Rosenkranzes Königin
In Fatima erschienen,
O Königin des Landes,
Beschützerin der Menschen!
Des Rosenkranzes Königin
In Fatima erschienen,
Es scheiden schweren Herzens
Die Pilger nun von hinnen.

Von Dir nehm' ich jetzt Abschied.
Ein tiefer Schmerz, o Jungfrau,
Erfüllt das Herz des Sünders,
Der zu Dir ruft weggehend.
Von Dir nehm' ich jetzt Abschied
Mit schmerzerfüllter Stimme.
Erhöre, gute Mutter,
Dies unser letztes Flehn!

Mit tränenfeuchten Augen
Muss ich, o Jungfrau, scheiden;
Doch glücklich fühlt sich jener,
Der reich von Dir gesegnet.
Mit tränenfeuchten Augen
Muss ich, o Jungfrau, scheiden.
Ade! Ruf ich und weine,
Lieb Mutter mein, leb wohl!

Messtexte für den 13. Mai

Gedenktag Unserer Lieben Frau von Fátima
entnommen dem Missale von Fátima

Am 13. Mai wird der *„Gedenktag der seligen Jungfrau von Fátima“* (Memoria Beatae Mariae Virginis de Fatima) gefeiert. Das neue lateinische *„Missale Romanum“* in der 3. Auflage von 2002 hat diesen Gedenktag als *„memoria ad libitum“* d.h. als nicht gebotenen Gedenktag vorgesehen.

Eröffnungsvers (vgl. Hebr 4,16)
Lasst uns voll Zuversicht hingehen zum Thron der Gnade, damit wir Erbarmen finden und so Hilfe erlangen zur rechten Zeit. Halleluja.

Tagesgebet
Herr, unser Gott, Du hast Maria, die Mutter deines Sohnes, auch uns zur Mutter gegeben. Gib, dass wir, durch ihre Ermahnungen belehrt, im Geiste der Buße und des Gebetes der Ausbreitung des Reiches deines Sohnes mit noch größerem Eifer dienen, um die Welt zu erneuern. Darum bitten wir, durch Jesus Christus, deinen Sohn, unseren Herrn und Gott, der in der Einheit des Heiligen Geistes mit dir lebt und herrscht in alle Ewigkeit. Amen.

Das Tagesgebet lautet im lateinischen Original:

Deus, qui Genetricem Filii tui Matrem quoque nostram constituisti, condede nobis, ut, in paenitentia et oratione pro mundi salute perseverantes, in dies valeamus regnum Christi efficacius promovere. Per Dominum nostrum Iesum Christum, Filium tuum, qui tecum vivit et regnat in unitate Spiritus Sancti Deus, per omnia saecula saeculorum. Amen.

Gabengebet
Herr, beim Gedenken an die allerseligste Jungfrau Maria bringen wir Dir die Gaben der Versöhnung und des Lobes dar. Vergib uns gnädig unsere Schuld und lenke unsere unbeständigen Herzen. Durch Christus unseren Herrn.

Präfation Maria – Urbild und Mutter der Kirche

Kommunionvers (vgl. Joh 19,26-27)
Als Jesus seine Mutter sah und bei ihr den Jünger, den er liebte, sagte er zu seiner Mutter: Frau, sieh dein

Sohn! Dann sagte er zu dem Jünger: Sieh deine Mutter! Und von jener Stunde an nahm sie der Jünger zu sich.

Schlussgebet
Herr, unser Gott, beim Gedächtnis der seligen Jungfrau Maria, die wir als Mutter deines Sohnes und Mutter der Kirche verehren, haben wir voll Freude das heilige Sakrament empfangen. Lass es uns eine Hilfe sein, die uns zum ewigen Leben führt. Darum bitten wir durch Christus, unseren Herrn.

Lesung (Gen 3,9-15.20)
Lesung aus dem Buch Genesis
9 Gott, der Herr, rief Adam zu und sprach: Wo bist du?
10 Er antwortete: Ich habe dich im Garten kommen hören; da geriet ich in Furcht, weil ich nackt bin, und versteckte mich.
11 Darauf fragte er: Wer hat dir gesagt, dass du nackt bist? Hast du von dem Baum gegessen, von dem zu essen ich dir verboten habe?
12 Adam antwortete: Die Frau, die du mir beigesellt hast, sie hat mir von dem Baum gegeben, und so habe ich gegessen.
13 Gott, der Herr, sprach zu der Frau: Was hast du da getan? Die Frau antwortete: Die Schlange hat mich verführt, und so habe ich gegessen.
14 Da sprach Gott, der Herr, zur Schlange: Weil du das getan hast, bist du verflucht unter allem Vieh und allen Tieren des Feldes. Auf dem Bauch sollst du kriechen und Staub fressen alle Tage deines Lebens.
15 Feindschaft setze ich zwischen dich und die Frau, zwischen deinen Nachwuchs und ihren Nachwuchs. Er trifft dich am Kopf, und du triffst ihn an der Ferse.
20 Adam nannte seine Frau Eva (Leben), denn sie wurde die Mutter aller Lebendigen.

oder Off 21,1-5a

Lesung aus der Offenbarung des Johannes

[1]Dann sah ich einen neuen Himmel und eine neue Erde; denn der erste Himmel und die erste Erde sind vergangen, auch das Meer ist nicht mehr.
[2]Ich sah die heilige Stadt, das neue Jerusalem, von Gott her aus dem Himmel herabkommen; sie war bereit wie eine Braut, die sich für ihren Mann geschmückt hat.
[3]Da hörte ich eine laute Stimme vom Thron her rufen: Seht, die Wohnung Gottes unter den Menschen! Er wird in ihrer Mitte wohnen, und sie werden sein Volk sein; und er, Gott, wird bei ihnen sein.
[4]Er wird alle Tränen von ihren Augen abwischen: Der Tod wird nicht mehr sein, keine Trauer, keine Klage, kein Mühsal. Denn was früher war, ist vergangen.
[5a]Er, der auf dem Thron saß, sprach: Seht, ich mache alles neu.

Antwortpsalm (Jdt 13,18a.19)

Kehrvers: Du bist der Ruhm unseres Volkes.

Meine Tochter, du bist von Gott, dem Allerhöchsten, mehr gesegnet als alle anderen Frauen auf der Erde. Gepriesen sei der Herr, unser Gott, der Himmel und Erde geschaffen hat.

Kehrvers: Du bist die Ehre unseres Volkes.

Die Erinnerung an dein Vertrauen soll in Ewigkeit nicht aus den Herzen der Menschen entschwinden, die sich an die Macht Gottes erinnern.

Kehrvers: Du bist die Ehre unseres Volkes.

Ruf vor dem Evangelium (vgl. Lk 1,45)

Vers: Selig bist du, Jungfrau Maria; du hast geglaubt, dass sich erfüllt, was der Herr dir sagen ließ.

Evangelium (Joh 19, 25-27)
+ Aus dem heiligen Evangelium nach Johannes
25 Bei dem Kreuz Jesu standen seine Mutter und die
Schwester seiner Mutter, Maria, die Frau des Klopas,
und Maria von Magdala.
26 Als Jesus seine Mutter sah und bei ihr den Jünger,
den er liebte, sagte er zu seiner Mutter: Frau, siehe,
dein Sohn!
27 Dann sagte er zu dem Jünger: Siehe, deine Mutter!
Und von jener Stunde an nahm sie der Jünger zu sich.

Dank der Mithilfe von Fr. Meinrad Mitra OSB konnten diese Texte auf www.stjosef.at ins Netz gestellt werden. Irrtum vorbehalten.

Pai nosso (Vater unser)

Pai nosso, que estais nos cues,
santificado seja o vosso nome;
venha a nos o vósso reino;
seja feita a vossa vontade
assm na terra como no céu.
O pâo nosso de cada dia nos dai hoje;
perdoai-nos a nossas ofensas,
assim como nós perdoamos
a quem nos tem offendido;
e nâo nos deixeis cair em tentacâo;
mas livrai-nos do mal.

Ave Maria (Gegrüßet seist du Maria)

Ave Maria, cheia de Graca,
o Senhor é convosco;
bendita sois vós entre as mulheres
e bandito é o fruto do vosso ventre, Jesus.
Santa Maria, mâe de dues,
Rogai por nós pecadores;
Agora e ne hora da nossa morte. Amén.

Treze de Maio
(Abschiedslied)

A treze de Maio
Na Cova da Iria,
Apareceu brilhando
A Virgem Maria.

Avé, Avé, Avé Maria!
Avé, Avé, Avé Maria!

A Virgem Maria
Cercada de luz,
Nossa Mãe bendita
E Mãe de Jesus.

Foi aos pastorinhos,
Que a Virgem falou,
Desde então nas almas,
Nova luz brilhou.

Com doces palavras,
Mandou-nos rezar,
A Virgem Maria,
Para nos salvar.

Mas jamais esqueçam,
Nossos corações,
Que nos fez a Virgem,
Determinações.

Falou contra o luxo,
Contra o impudor,
De modestas modas,
De uso pecador.

Disse que a pureza,
Agrada a Jesus,
Disse que a luxúria,
Ao fogo conduz.

A treze de Outubro,
Foi o seu adeus,
E a Virgem Maria,
Voltou para os céus.

À Pátria que é vossa,
Senhora dos Céus,
Dai honra, alegria
E a graça de Deus.

À Virgem bendita,
Cante seu louvor,
Toda a nossa terra,
Um hino de amor.

Todo o mundo A louve,
Para se salvar,
Desde o vale ao monte,
Desde o monte ao mar.

Ah! Demos-Lhe graças,
Por nos dar seu bem,
À Virgem Maria,
Nossa querida Mãe!

E para pagarmos,
Tal graça e favor,
Tenham nossas almas,
Só bondade e amor.

Avé, Virgem Santa,
Estrela que nos guia,
Avé, Mãe Pátria.
Oh! Virgem Maria!

Literaturangaben

De Marchi João (IMC), Fátima von Anfang an, Fátima 1999.

Dokumentation des Vatikan zu den Reisen von Johannes Paul II. und Benedikt XVI. nach Fátima.

Herbertz Heinrich (SVD), Schmitz Josef (SVD), Fátima. Das Buch der Pilger, 4. überarbeitete Neuauflage, Kißlegg 1997.

Lechner Kilian, Fátima. Pilgerwege. 10. Aufl. Bamberg 2006.

Hesemann Michael, Das Fátima-Geheimnis, Marienerscheinungen, der Papst und die Zukunft der Menschheit, Rottenburg 2002.

Ratzinger, Kardinal Josef (Benedikt XVI.) und Bertone, Erzbischof (Kardinal) Tarcisio, Dokumente der Kongregation für die Glaubenslehre zur Botschaft von Fátima, Vatikan 2000 (www.vatican.va/roman_curia/congregations/cfaith/documents/rc_con_cfaith_doc_20000626_message-fatima_ge.html).

Schwester Lucia spricht über Fátima – Erinnerungen der Schwester Lucia I und II, 9. Aufl. Fátima 2007 und Fatima 2004, zitiert als „Lucia“.

Kondor Luis (SVD), Die Botschaft von Fátima im Dienst der Neuevangelisierung, 4. Aufl. Regensburg 1998.

Schwester Maria Celina de Jesus Crucificado (OCD), Schwester Lucia, die Erinnerung, die wir von ihr haben, 2. Aufl. Coimbra 2006.

Mowatt Johannes Josef, Die Ikone Unserer Lieben Frau von Kazan, Fátima.

Bibelzitate nach der deutschen Einheitsübersetzung

Bilder vom Besuch Benedikt XVI.: Santuário de Fátima

Weitere Informationen zu Fátima auf der offiziellen Homepage des Heiligtums: www.santuario-fatima.pt